Strasser/Clemenz
Prüfungsklassiker
Kaufmännische Steuerung und Kontrolle
für Industriekaufleute

Zusätzliche digitale Inhalte für Sie!

Zu diesem Buch stehen Ihnen kostenlos folgende digitale Inhalte zur Verfügung:

- Online-Buch ✓
- Buch als PDF
- Online-Training
- Zusatz-Downloads
- App
- Digitale Lernkarten

Schalten Sie sich das Buch inklusive Mehrwert direkt frei.

Scannen Sie den QR-Code **oder** rufen Sie die Seite **www.kiehl.de** auf. Geben Sie den Freischaltcode ein und folgen Sie dem Anmeldedialog. Fertig!

Ihr Freischaltcode

OHPD-GRLS-EMXD-DUGW-ZEPX-Q

www.kiehl.de

Prüfungsklassiker Kaufmännische Steuerung und Kontrolle für Industriekaufleute

121 Prüfungsaufgaben mit Lösungen

Von
Dipl.-Hdl. Alexander Strasser und
Dipl.-Hdl. Gerhard Clemenz

4., aktualisierte Auflage

kiehl

ISBN: 978-3-470-**64374**-8 · 4., aktualisierte Auflage 2020

Kiehl ist eine Marke des NWB Verlags

Druck: Stückle Druck und Verlag, Ettenheim – mdpkl

Vorwort

Mit den *Prüfungsklassikern* erhalten angehende Industriekaufleute Trainingsmaterial, das die Möglichkeit bietet, sich gezielt auf die Abschlussprüfung vorzubereiten.

In den *Prüfungsklassikern* aus dem Bereich der *Kaufmännischen Steuerung und Kontrolle* werden Aufgaben aus den Themenbereichen betrachtet, die in Abschlussprüfungen von besonderer Bedeutung sind und dort auch häufig abgefragt werden. Durch die Strukturierung der Kapitel und durch die Aufgabenüberschriften ist klar ersichtlich, welchen Themengebieten die einzelnen Aufgaben zuzuordnen sind. Somit kann auch die Vorbereitung auf die Prüfung anhand der schrittweisen Erarbeitung der verschiedenen Themenfelder erfolgen.

Um die Vorbereitung auf die Prüfung möglichst effektiv zu gestalten, sind neben den Aufgaben auch kurze fachliche Informationen zu den jeweiligen Aufgabenbereichen enthalten.

Neben Tipps zur richtigen Herangehensweise an die Prüfungsfragen wird auch auf aufgabentypische Fehlerquellen und Stolpersteine hingewiesen, auf die in der Prüfung besonders zu achten ist.

Die Musterlösungen der Aufgaben werden erklärt und sind leicht nachvollziehbar. So wird selbst bei der Korrektur der Aufgaben ein strukturiertes Lernen ermöglicht.

Wir wünschen eine erfolgreiche Prüfung und auch etwas Spaß bei der Vorbereitung.

Alexander Strasser
Gerhard Clemenz
Erlangen, im Januar 2020

Benutzungshinweise

Diese Symbole erleichtern Ihnen die Arbeit mit diesem Buch:

TIPP

Hier finden Sie nützliche Hinweise zum Thema.

MERKE

Das X macht auf wichtige Merksätze oder Definitionen aufmerksam.

ACHTUNG

Das Ausrufezeichen steht für Beachtenswertes, wie z. B. Fehler, die immer wieder vorkommen, typische Stolpersteine oder wichtige Ausnahmen.

INFO

Hier erhalten Sie nützliche Zusatz- und Hintergrundinformationen zum Thema.

RECHTSGRUNDLAGEN

Das Paragrafenzeichen verweist auf rechtliche Grundlagen, wie z. B. Gesetzestexte.

MEDIEN

Das Maus-Symbol weist Sie auf andere Medien hin. Sie finden hier Hinweise z. B. auf Download-Möglichkeiten von Zusatzmaterialien, auf Audio-Medien oder auf die Website von Kiehl.

Aus Gründen der Praktikabilität und besseren Lesbarkeit wird darauf verzichtet, jeweils männliche und weibliche Personenbezeichnungen zu verwenden. So können z. B. Mitarbeiter, Arbeitnehmer, Vorgesetzte grundsätzlich sowohl männliche als auch weibliche Personen sein.

Feedbackhinweis

Kein Produkt ist so gut, dass es nicht noch verbessert werden könnte. Ihre Meinung ist uns wichtig. Was gefällt Ihnen gut? Was können wir in Ihren Augen verbessern? Bitte schreiben Sie einfach eine E-Mail an: **feedback@kiehl.de**

Beschreibung des Unternehmens

Firma	Sport Equipment AG
Unternehmenszweck	Fertigung und Vertrieb von Sportartikeln für den aktiven Outdoorbereich
Gründung	01.01.2005
Unternehmenssitz	Schillerstraße 58 91054 Erlangen
Telefon	09131 47884-0
Fax	09131 47884-20
E-Mail	info@sportequipment.eu
Bankverbindungen	Süddeutsche Kreditbank AG IBAN DE 48 7505 0000 0750 8900 08 BIC SDKBDEM1XXX Norddeutsche Kreditbank AG IBAN DE 82 3605 0000 0698 8900 17 BIC NDKBDEM1XXX
Vorstandsvorsitzender	Heiko Feinisch
Mitarbeiter und Mitarbeiterinnen	350 Beschäftigte ► 200 männliche ► 150 weibliche davon: 15 Auszubildende ► 5 Industriekaufleute ► 3 Bürokaufleute ► 7 gewerblich-technische Berufe
Geschäftsjahr	1. Januar bis 31. Dezember
Fertigungsprogramm (Auszug)	► Schneeschuhe ► Outdoor-Schuhe ► Teleskopstöcke für Wanderer, Skitouren- und Schneeschuhgeher ► Rucksäcke ► Slacklines ► Crashpads für Boulderer ► Kite-Surfboards ► Elemente für Boulderwände und künstliche Kletteranlagen
Handelswaren	► Tourenski ► Kite-Surfschirme ► Schlafsäcke ► Bikerhelme ► Einräder
Dienstleistungen	Planung, Projektierung und Montage von Boulderwänden und Kletteranlagen
Fertigungsverfahren	Serienfertigung, Gruppenfertigung
Rohstoffe	Kunststoffe, Metalle, Gewebe
Hilfsstoffe	Schrauben, Klammern, Nähmaterialien, Nieten, Farben, Kleber u. a.
Betriebsstoffe	Energie
Vorprodukte	Schnallen, Griffe, Bindungen u. a.

1. Grundlagen der Buchführung

Buchführung ist ein Teilbereich des Rechnungswesens. Kenntnisse in der Buchführung sind bei Kaufleuten für das Verständnis des gesamten Rechnungswesens unverzichtbar. Dies betrifft die rechtlichen Grundsätze ebenso wie die Technik des Buchens.

Aufgabe 1: Inventur und Inventurverfahren

a) Welche der folgenden Aussagen zur Inventur sind falsch?

- ☐ Die Inventur ist die Bestandsaufnahme zum Ende eines Geschäftsjahres.
- ☐ Die Inventur weist am Bilanzstichtag alle Vermögens- und Schuldposten der Sport Equipment AG, gegliedert nach Art, Menge und Wert aus.
- ☐ Die Inventur ist ein ausführlich kommentiertes Bestandsverzeichnis aller Vermögens- und Schuldposten in Staffelform zur Ermittlung des Reinvermögens.
- ☐ Die Inventur muss bei der Gründung der Sport Equipment AG unbedingt durchgeführt werden.
- ☐ Die Inventur ist die mengen- und wertmäßige Bestandsaufnahme aller Vermögensposten und Schuldposten zu einem festen Zeitpunkt.
- ☐ Das Inventar ist die Grundlage für die Durchführung einer Inventur.

b) Welche Aussage zur permanenten Inventur ist richtig?

- ☐ Der Bestand an Forderungen und Verbindlichkeiten wird ermittelt. Dieser Wert wird regelmäßig mit Kunden und Lieferanten, sowie mit den Banken abgestimmt.
- ☐ Nach den gesetzlichen Vorschriften müssen die Bestände mehrmals im Jahr körperlich aufgenommen und mit den Sollbeständen der Lagerdatei abgestimmt werden.
- ☐ Zu- und Abgänge von Vorräten werden durch laufende Mengenfortschreibungen in der Lagerdatei erfasst. Alle Bestände müssen mindestens einmal im Jahr körperlich aufgenommen und mit den Sollbeständen der Lagerdatei verglichen werden.
- ☐ Im Rahmen der permanenten Inventur wird auf die körperliche Bestandsaufnahme verzichtet, da die Bestände permanent aus der Lagerdatei entnommen werden können.
- ☐ Alle Bestände müssen innerhalb von zehn Tagen vor oder nach dem Bilanzstichtag körperlich aufgenommen werden.

c) Ordnen Sie den Aussagen zur Inventur die entsprechenden Inventurverfahren zu.

1. zeitnahe Stichtagsinventur
2. verlegte Inventur
3. permanente Inventur
4. Stichprobeninventur
5. kein Inventurverfahren

- ☐ Die Inventur kann nur in dem Zeitraum von zwei Monaten vor oder drei Monaten nach dem Bilanzstichtag erfolgen.
- ☐ Die Inventur hat an einem vom zuständigen Finanzamt festgelegten Tag zu erfolgen.
- ☐ Die Zu- und Abgänge werden ständig in einer Datei aufgezeichnet; mindestens einmal im Geschäftsjahr, zu einem beliebigen Zeitpunkt, erfolgt eine körperliche Bestandsaufnahme.
- ☐ Die Inventur kann nur in dem Zeitraum von drei Monaten vor oder zwei Monaten nach dem Bilanzstichtag erfolgen.
- ☐ Die Inventur erfolgt zum Abschluss des Geschäftsjahres zeitnah zum Bilanzstichtag (20 Tage vor oder nach dem Bilanzstichtag).
- ☐ Die Inventur erfolgt zum Abschluss des Geschäftsjahres zeitnah zum Bilanzstichtag (zehn Tage vor oder nach dem Bilanzstichtag).
- ☐ Die Inventur wird vom Ende des Geschäftsjahres (31.12.) auf den 20.01. des neuen Geschäftsjahres verlegt.
- ☐ Die Bestandsaufnahme erfolgt drei Monate nach dem Bilanzstichtag.
- ☐ Die Inventur wird vom Ende des Geschäftsjahres (31.12.) auf den 10.01. des neuen Geschäftsjahres verlegt.

d) Im Rahmen der Inventur am 31.12.2020 wird im Büromateriallager der Sport Equipment AG ein Bestand von 448 Kartons Kopierpapier mit jeweils 2.500 Blatt aufgenommen.

Folgende Lieferungen sind im laufenden Geschäftsjahr eingegangen:

Datum	Anzahl der Kartons	Warenwert netto in €
02.02.2020	4.000	5,00
15.04.2020	2.000	5,60
02.06.2020	3.000	5,25
12.08.2020	4.500	5,50
14.10.2020	3.200	5,60
04.12.2020	1.600	5,80

Ermitteln Sie den Wert des Inventurbestandes auf der Basis des gewogenen Durchschnitts zum 31.12.2020.

Lösungen s. Seite 111

Aufgabe 2: Inventar

Das Inventar der Sport Equipment AG weist folgende Positionen in unsortierter Reihenfolge auf:

Position	Betrag in €
Grundstücke und Gebäude	8.200.000,00
Betriebs- und Geschäftsausstattung	2.961.800,00
Kurzfristige Verbindlichkeiten	2.124.400,00
Unfertige Erzeugnisse	147.300,00
Fertigerzeugnisse	293.800,00
Forderungen	1.896.200,00
Sonstige Vermögensgegenstände	863.200,00
Liquide Mittel	773.100,00
Rückstellungen	1.080.400,00
Langfristige Verbindlichkeiten	2.539.100,00
Technische Anlagen und Maschinen	5.800.000,00
Sonstige Verbindlichkeiten	59.100,00
Umsatzsteuerverbindlichkeiten	861.400,00
Roh-, Hilfs- und Betriebsstoffe	1.865.500,00

a) Ermitteln Sie die Höhe des Reinvermögens.

b) Ermitteln Sie die Höhe des Anlagevermögens.

Lösungen s. Seite 112

Aufgabe 3: Bilanz

a) Welche Aussagen zur Bilanz sind richtig (R) und welche sind falsch (F)?

1. R☐ F☐ Die Bilanz ist mit dem Geschäftsbericht gleichzusetzen.
2. R☐ F☐ Das Vermögen der Aktiva der Bilanz wird in Anlage- und Umlaufvermögen gegliedert, wobei die Vermögensposten nach abnehmender Liquidität geordnet sind.
3. R☐ F☐ Die Bilanz ist eine rein mengenmäßige Bestandsaufnahme aller Vermögensteile und Schulden zu einem bestimmten Zeitpunkt.
4. R☐ F☐ Die Passiva sind nach Fälligkeit gegliedert.
5. R☐ F☐ Jeder Kaufmann ist gemäß § 242 HGB verpflichtet zum Ende des Geschäftsjahres im Rahmen des Jahresabschlusses eine Bilanz zu erstellen.
6. R☐ F☐ Die Bilanz wird auch als Inventar bezeichnet.

7. R☐ F☐ Die Bilanz ist eine kurzgefasste Gegenüberstellung der Vermögensformen und der Vermögensquellen.
8. R☐ F☐ Bilanzsumme - Eigenkapital = Fremdkapital
9. R☐ F☐ Das Vermögen wird in Anlage- und Umlaufvermögen gegliedert, wobei die Vermögensposten nach Liquidität geordnet sind.
10. R☐ F☐ Die Passiva zeigen die Investitionen auf.
11. R☐ F☐ Der Jahresabschluss kann in Ausnahmefällen auch von einem Prokuristen, der nicht Vorstand ist, unterschrieben werden.
12. R☐ F☐ Die Aktiva zeigen die Verwendung des Kapitals auf.
13. R☐ F☐ Kapitalrücklagen zählen zum Eigenkapital.
14. R☐ F☐ Geleistete Anzahlungen zählen zum Fremdkapital.
15. R☐ F☐ Eine Aktiengesellschaft mit durchschnittlich 300 Beschäftigten, einem Jahresumsatz von 40 Mio. € sowie einer Bilanzsumme von 20 Mio. € muss zwingend eine Bilanz nach dem vollständigen Gliederungsschema gemäß § 266 Abs. 2 und 3 HGB erstellen und veröffentlichen.

b) Entscheiden Sie, welche Aussage zur Bilanzveränderung richtig ist.

☐ Bei einem Aktivtausch ändert sich die Bilanzsumme.

☐ Eine Aktiv-Passiv-Mehrung erhöht die Bilanzsumme.

☐ Bei einer Aktiv-Passiv-Minderung ändert sich die Bilanzsumme nicht.

☐ Ein Passivtausch verändert die Aktiva und die Passiva der Bilanz.

☐ Ein Passivtausch erhöht die Bilanzsumme.

c) Welche Bilanzveränderung bewirken folgende Geschäftsfälle?

1. Aktivtausch
2. Passivtausch
3. Aktiv-Passiv-Mehrung
4. Aktiv-Passiv-Minderung

☐ Kauf eines Notebooks (kein GWG) auf Ziel

☐ Teilweise Tilgung eines Darlehens durch Abbuchung vom Konto Bankguthaben

☐ Zahlungseingang einer Forderung auf dem Konto Bankguthaben

☐ Verkauf eines gebrauchten Anlagegutes gegen sofortige Barzahlung

☐ Tilgung einer Verbindlichkeit gegenüber einem Lieferanten durch einen kurzfristigen Kredit bei der Bank

☐ Ausgangsrechnung für Fertigerzeugnisse (Zielgeschäft)

Lösungen s. Seite 113

Aufgabe 4: Aufbewahrungsfristen

Wie lange muss die Sport Equipment AG folgende Unterlagen bzw. Aufzeichnungen mindestens aufbewahren?

a) Bilanz zum 31.12.2016 für das Geschäftsjahr 2016

b) Kontoauszug vom 04.03.2018

c) Telefax vom 19.01.2019 über eine Anfrage bei einem Lieferanten

d) Eingangsrechnung 12345 vom 15.10.2018

e) Die Gewinn- und Verlustrechnung für das Geschäftsjahr 2014 wurde am 02.02.2015 erstellt.

☐ zehn Jahre, bis 31.12.2028

☐ zehn Jahre, bis 31.12.2026

☐ zehn Jahre, bis 31.12.2025

☐ sechs Jahre, bis 31.12.2028

☐ sechs Jahre, bis 19.01.2025

☐ zehn Jahre, bis 31.12.2017

☐ zehn Jahre, bis 04.03.2028

Lösungen s. Seite 114

Aufgabe 5: Bestandskonten

a) Entscheiden Sie, ob es sich bei den folgenden Vorgängen um

1. einen Aktivtausch,
2. einen Passivtausch,
3. eine Aktiv-Passiv-Mehrung,
4. eine Aktiv-Passiv-Minderung

handelt.

☐ Einkauf von Rohstoffen auf Ziel

☐ Ausgleich einer gebuchten Eingangsrechnung am Ende des Zahlungszieles durch Überweisung vom Bankkonto

☐ Erhöhung der kurzfristigen Verbindlichkeiten bei der Bank, um eine Verbindlichkeit gegenüber einem Lieferanten innerhalb der Skontofrist durch Überweisung auszugleichen

☐ Zahlungseingang einer Forderung gegenüber einem Kunden auf dem Bankkonto

☐ Aufnahme eines mittelfristigen Darlehens bei der Bank zur teilweisen Finanzierung einer Lagerhalle

- ☐ Einkauf eines Monitors gegen sofortige Belastung des Bankkontos im Rahmen des Electronic-Cash-Verfahrens
- ☐ Die Tageseinnahmen aus dem Werksverkauf werden aus der Kasse entnommen und auf das Bankkonto einbezahlt.

b) Prüfen Sie, welche Aussagen richtig sind und kennzeichnen diese durch ein Kreuz ☒.

- ☐ Die Anfangsbestände der Bestandskonten werden aus der Bilanz übernommen.
- ☐ Aktive Bestandskonten werden auf ihrer Sollseite mit dem Anfangsbestand eröffnet.
- ☐ Bei passiven Bestandskonten erscheint der Endbestand auf der Habenseite.
- ☐ Bei aktiven Bestandskonten werden die Zunahmen im Soll verbucht.
- ☐ Ein systematischer Buchungssatz spricht zuerst die Habenseite und dann die Sollseite an.
- ☐ Das Eröffnungsbilanzkonto entspricht einer Bilanz am Beginn eines Geschäftsjahres.
- ☐ Eröffnungs- und Schlussbilanzkonten weisen statt der Aktiv- und Passivseite Soll- und Habenseiten auf.
- ☐ Die Gliederung des Eröffnungsbilanzkontos ist durch das HGB vorgegeben.
- ☐ Die GoB haben auf die Bilanzkonten keinen Einfluss.

c) Geben Sie die Buchungssätze für folgende Geschäftsfälle an, indem Sie die richtigen Ziffern in die Kästchen eintragen.

Folgende Konten stehen Ihnen zur Verfügung:

1. Verbindlichkeiten a. LL
2. Rohstoffe
3. Umsatzsteuer
4. Vorsteuer
5. Langfristige Bankverbindlichkeiten
6. Grundstücke
7. Handelswaren
8. Guthaben bei Kreditinstituten (Bank)
9. Kasse
10. Fuhrpark
11. Forderungen a. LL

Eingangsrechnung über Rohstoffe, zuzüglich USt	☐ an ☐ ☐ ☐
Eingangsrechnung für einen Pkw, zuzüglich USt	☐ an ☐ ☐ ☐

Abbuchung der monatlichen Tilgung für ein langfristiges Darlehen vom Bankkonto	☐ an ☐ ☐ ☐
Ein Kunde überweist seine fällige Forderung	☐ an ☐ ☐ ☐
Eingangsrechnung für Handelswaren, zuzüglich USt	☐ an ☐ ☐ ☐
Bareinzahlung auf das Bankkonto	☐ an ☐ ☐ ☐
Kauf eines Grundstücks durch ein Bankdarlehen	☐ an ☐ ☐ ☐
Ausgleich einer Eingangsrechnung über Rohstoffe durch Überweisung vom Bankkonto	☐ an ☐ ☐ ☐

Lösungen s. Seite 114

Aufgabe 6: Erfolgskonten

a) Welche der folgenden Aussagen sind richtig (R) und welche sind falsch(F)?

Kreuzen Sie das entsprechend Kästchen an ☒.

R☐ F☐ Erfolgskonten weisen einen Anfangsbestand und einen Schlussbestand auf.

R☐ F☐ Die Salden der Erfolgskonten werden auf das GuV-Konto übertragen.

R☐ F☐ Aufwendungen werden immer im Soll gebucht.

R☐ F☐ Erträge erhöhen das Eigenkapital.

R☐ F☐ Eine zu bezahlende Miete stellt einen Aufwand dar.

R☐ F☐ Umsatzerlöse sind Aufwendungen.

R☐ F☐ Das GuV-Konto wird auf das Konto Eigenkapital abgeschlossen.

R☐ F☐ Wenn das Eigenkapital am Ende eines Geschäftsjahres geringer ist als das Eigenkapital am Beginn des Geschäftsjahres, wurde ein Gewinn erwirtschaftet.

b) Entscheiden Sie, ob es sich bei den folgenden Vorgängen um einen Aufwand (A), einen Ertrag (E) oder weder um Aufwand noch um Ertrag handelt (0).

Kreuzen Sie das zutreffende Kästchen an ☒.

A☐ E☐ 0☐ Abbuchung der Miete für eine Lagerfläche vom Bankkonto

A☐ E☐ 0☐ Bareinzahlung auf das Konto Bankguthaben

A☐ E☐ 0☐ Überweisung der Gehälter auf die Bankkonten der Beschäftigten

A☐ E☐ 0☐ Belastung der Bank für Zinsen für ein Darlehen

A☐ E☐ 0☐ Belastung der Bank für eine Tilgungsrate für ein Darlehen

A☐ E☐ 0☐ Entnahme von Rohstoffen aus dem Lager für die Fertigung

A☐ E☐ 0☐ Eingangsrechnung für die Reparatur der Alarmanlage

A☐ E☐ 0☐ Gutschrift auf dem Konto Bankguthaben für eine Geldanlage

A☐ E☐ 0☐ Verkauf von Fertigerzeugnissen auf Ziel

c) Die ausgewählten Erfolgskonten weisen folgende Summen auf:

Konto	Summe Soll in €	Summe Haben in €
Zinsaufwand	5.000,00	
Zinsertrag		7.500,00
Umsatzerlöse		500.000,00
Gehälter	70.000,00	
Mietaufwand	8.000,00	
Fremdinstandhaltung	3.500,00	

Ermitteln Sie den Saldo, der sich auf dem GuV-Konto nach der Übertragung der Summen ergibt und geben Sie an, wie sich das Ergebnis auf das Eigenkapital auswirkt.

d) Ermitteln Sie das Ergebnis der Sport Equipment AG durch Eigenkapitalvergleich unter folgenden Bedingungen:

- Das Eigenkapital betrug zu Beginn des Geschäftsjahres 15.686.500,00 €.
- Das Eigenkapital betrug am Ende des Geschäftsjahres 16.880.000,00 €.

Lösungen s. Seite 115

Aufgabe 7: Bestandsveränderungen

a) Überprüfen Sie, welche der folgenden Aussagen zu Bestandsveränderungen richtig (R) und welche falsch (F) sind. Kreuzen Sie das zutreffende Kästchen an ☒.

R☐ F☐ Bestandsveränderungen müssen immer gebucht werden, wenn die Produktionsmenge mit der Absatzmenge nicht übereinstimmt.

R☐ F☐ Noch ausstehende Umsatzerlöse wirken sich nicht auf das Ergebnis aus, weshalb eine Korrektur nicht notwendig ist.

R☐ F☐ Eine Bestandsminderung liegt vor, wenn in der aktuellen Abrechnungsperiode Bestände aus der vorhergehenden Abrechnungsperiode verkauft werden.

R☐ F☐ Die Korrekturbuchungen der Bestandsveränderungen erfolgen zu Verkaufspreisen.

R☐ F☐ Bestandsveränderungen werden bei fertigen und unfertigen Erzeugnissen gebucht.

R☐ F☐ Bestandsveränderungen werden auf einem Erfolgskonto erfasst.

b) Handelt es sich bei den Erzeugnissen um einen Mehr- oder einen Minderbestand?

Am Ende der Abrechnungsperiode weisen die Konten unfertige Erzeugnisse und fertige Erzeugnisse folgende Bestände aus:

Konto-Nr.	Kontobezeichnung	Anfangsbestand	Endbestand lt. Inventur
2100	Unfertige Erzeugnisse	100.000,00 €	80.000,00 €
2200	Fertige Erzeugnisse	100.000,00 €	150.000,00 €

☐ Bei den unfertigen Erzeugnissen handelt es sich um einen Minderbestand.

☐ Bei den unfertigen Erzeugnissen handelt es sich um einen Mehrbestand.

☐ Bei den fertigen Erzeugnissen handelt es sich um einen Minderbestand.

☐ Bei den fertigen Erzeugnissen handelt es sich um einen Mehrbestand.

c) Wie wirkt sich die Situation der Aufgabe 7 b) auf das Ergebnis aus?

☐ Es ergibt sich keine Auswirkung auf das Ergebnis.

☐ Das Ergebnis sinkt um 30.000,00 €.

☐ Das Ergebnis erhöht sich um 50.000,00 €.

☐ Das Ergebnis sinkt um 20.000,00 €.

☐ Das Ergebnis erhöht sich um 30.000,00 €.

d) Welche Buchungen zu den folgenden zwei Bestandsveränderungen sind richtig?

Konto-Nr.	Kontobezeichnung	Anfangsbestand	Endbestand lt. Inventur
2100	Unfertige Erzeugnisse	120.000,00 €	160.000,00 €
2200	Fertige Erzeugnisse	180.000,00 €	150.000,00 €

☐ 2100 Unfertige Erzeugnisse an 5201 Bestandsveränderungen 40.000,00 €

☐ 2200 Fertige Erzeugnisse an 5201 Bestandsveränderungen 30.000,00 €

☐ 2200 Fertige Erzeugnisse an 5201 Bestandsveränderungen 150.000,00 €

☐ 5201 Bestandsveränderungen an 2200 Fertige Erzeugnisse 30.000,00 €

☐ 5201 Bestandsveränderungen an 2100 Unfertige Erzeugnisse 40.000,00 €

☐ 2100 Unfertige Erzeugnisse an 5201 Bestandsveränderungen 120.000,00 €

Lösungen s. Seite 117

2. Umsatzsteuer im Einkauf und Verkauf

Die Umatzsteuer ist eine tägliche Begleiterin bei Einkäufen und Verkäufen. Ihre exakte Behandlung im Rechnungswesen ist eine unabdingbare Voraussetzung für den „Frieden mit der Finanzbehörde“. Das Umsatzsteuergesetz (UStG) gibt die Richtung vor und diese ist ausnahmslos zu beachten.

ACHTUNG

Verwechseln Sie niemals Vorsteuer und Umsatzsteuer. Umsatzsteuer ist wohl der rechtliche Begriff für diese Steuer, im Rechnungswesen unterscheidet man aber zwischen der „Umsatzsteuer bei Einkäufen“ und der „Umsatzsteuer bei Verkäufen“. Um hier klar zu trennen, bezeichnet man die Umsatzsteuer bei Einkäufen als Vorsteuer und bei Verkäufen als Umsatzsteuer. Man bucht sie daher auch zwei getrennte Konten, nämlich Konto 2600 Vorsteuer und Konto 4800 Umsatzsteuer.

Aufgabe 1: Umsatzsteuerpflichtige Umsätze

Welche der folgenden Umsätze sind steuerpflichtig?

☐ Einkauf von Rohstoffen in Aachen

☐ Aufnahme eines Darlehens bei einer Bank

☐ Verkauf von Fertigerzeugnissen an einen Kunden in München

☐ Zinsgutschrift der Bank für eine Geldanlage

☐ Verkauf eines gebrauchten Personal Computers an einen Mitarbeiter

☐ Miete für einen vermieteten Geschäftsraum

☐ Telefonrechnung der Telefongesellschaft

☐ Belastung der Bank für Depotgebühren

☐ Honorarrechnung eines Rechtsanwalts

Lösungen s. Seite 118

Aufgabe 2: Ausweis der Umsatzsteuer auf Rechnungen

ACHTUNG

Die Fragen beziehen sich ausschließlich auf Rechnungen an Geschäftspartner in Deutschland. Rechnungen an ausländische Kunden werden grundsätzlich ohne Umsatzsteuer ausgestellt.

Welche Aussagen sind richtig?

- ☐ Die Umsatzsteuer muss immer getrennt ausgewiesen werden.
- ☐ Man kann im Rechnungswesen zwischen dem Brutto- und Nettoverfahren wählen.
- ☐ Die Umsatzsteuer muss bis auf eine Ausnahme immer getrennt vom Warenwert ausgewiesen werden.
- ☐ Bei Rechnungen bis zu einem Wert von 1.000,00 € muss die Umsatzsteuer nicht gesondert ausgewiesen werden.
- ☐ Bei Rechnungen bis zu einem Wert von 150,00 € kann auf den Ausweis der Umsatzsteuer verzichtet werden.
- ☐ Wenn die Umsatzsteuer nicht gesondert ausgewiesen wird, muss zwingend der entsprechende Steuersatz angegeben sein.

Lösungen s. Seite 118

Aufgabe 3: Abführung der Umsatzsteuer

Welche der Aussagen sind richtig?

- ☐ Die Umsatzsteuer wird am 15. des Folgemonats an das Finanzamt überwiesen.
- ☐ Das Finanzamt fordert von den Unternehmen eine Umsatzsteuervoranmeldung, die in der Regel monatlich erfolgen muss.
- ☐ Einmal pro Jahr muss eine Umsatzsteuerjahreserklärung an das Finanzamt übermittelt werden.
- ☐ Stichtag für die monatliche Voranmeldung ist immer der 10. des Monats.

Lösungen s. Seite 118

Aufgabe 4: Die Umsatzsteuer – ein durchlaufender Posten

a) Warum bezeichnet man die Umsatzsteuer als durchlaufenden Posten?

b) Um welche Steuerart handelt es sich bei der Umsatzsteuer hinsichtlich ihrer Erhebungsart?

Lösungen s. Seite 119

Aufgabe 5: Vorsteuer

Welche Aussagen zum Begriff Vorsteuer sind richtig?

- ☐ Die Vorsteuer wird auf dem Konto 2600 Vorsteuer im Soll gebucht.
- ☐ Die Summe der Vorsteuer ist immer geringer als die Summe der Umsatzsteuer.
- ☐ Die Vorsteuer stellt eine Forderung gegenüber dem Finanzamt dar.
- ☐ Die Vorsteuer bezeichnet man auch als Zahllast.
- ☐ Die Vorsteuer wird zum Steuertermin mit der Umsatzsteuer verrechnet.
- ☐ Ein Vorsteuerüberhang liegt vor, wenn die Summe der Vorsteuer am Steuertermin geringer ist als die Summe der Umsatzsteuer.

Lösungen s. Seite 119

Aufgabe 6: Buchungen

Bilden Sie die Buchungen im Nettoverfahren mit den entsprechenden Beträgen für folgende Geschäftsfälle:

a) Eingangsrechnung über eine Lieferung Rohstoffe im Wert von 15.000,00 €, USt 19 % 2.850,00 €. Die Lieferung wird auf dem Bestandskonto erfasst.

b) Quittung über den Kauf einer Packung Kopierfolien. Der Rechnungsbetrag lautet über 12,84 €, USt 7 %.

c) Lastschrift der Telefonrechnung, netto 155,00 €, USt 19 % 29,45 €

d) Eingangsrechnung für einen Laserdrucker im Wert von 195,00 €, zuzüglich USt 19 % 37,05 €

e) Ausgangsrechnung für Fertigerzeugnisse im Wert von 25.000,00 €, zuzüglich USt 19 % 4.750,00 €

f) Lastschrift für das Jahresabonnement für ein Wirtschaftsmagazin 128,40 € brutto, USt 7 %

Bilden Sie die Buchungen im Bruttoverfahren mit den entsprechenden Beträgen für folgende Geschäftsfälle:

g) Eingangsrechnung über eine Lieferung Rohstoffe im Wert von 15.000,00 €, USt 19 % 2.850,00 €. Die Lieferung wird auf dem Bestandskonto erfasst

h) Ausgangsrechnung für Fertigerzeugnisse im Wert von 25.000,00 €, zuzüglich USt 19 % 4.750,00 €

i) Stellen Sie die notwendige Buchung zum Steuertermin für den Vorgang g) dar.

j) Stellen Sie die notwendige Buchung zum Steuertermin für den Vorgang h) dar.

Lösungen s. Seite 119

Aufgabe 7: Verrechnung der Steuerkonten

a) Die Konten Vorsteuer und Umsatzsteuer weisen am 10.11.20.. folgende Werte aus:

2600	Vorsteuer	56.000,00 €
4800	Umsatzsteuer	124.000,00 €

Nehmen Sie die notwendigen Buchungen zum Stichtag vor.

b) Die Konten Vorsteuer und Umsatzsteuer weisen am 10.11.20.. folgende Werte aus:

2600	Vorsteuer	56.000,00 €
4800	Umsatzsteuer	24.000,00 €

Nehmen Sie die notwendigen Buchungen zum Stichtag vor.

c) Wie müssen Sie mit den Konten Vorsteuer und Umsatzsteuer zum Bilanzstichtag verfahren?

Lösungen s. Seite 121

3. Buchungen und Berechnungen bei Beschaffungsprozessen

ACHTUNG

Beim Einkauf von Roh-, Hilfs- oder Betriebsstoffen, sowie bei Vorprodukten, Fremdbauteilen oder Handelswaren muss man die Bezugspreise (Einstandspreise) berechnen und die Eingangsrechnungen verbuchen. Vorhandene Bezugskosten müssen eventuell auf verschiedene Positionen verteilt und gebucht werden. Korrekturen kommen als Skonto, Bonus oder bei Rücksendungen vor. Sofortrabatte werden nicht gebucht, da sie von vorneherein abgezogen werden und im Rechnungspreis bereits berücksichtigt sind. Die an den Lieferanten zu bezahlende Umsatzsteuer wird immer auf dem Konto 2600 Vorsteuer erfasst.

Aufgabe 1: Schema der einfachen Bezugskalkulation

Erstellen Sie aus den folgenden Angaben das Schema für eine Bezugskalkulation: Zieleinkaufspreis, Lieferantenrabatt, Bareinkaufspreis, Listeneinkaufspreis netto, Bezugskosten, Bezugspreis, Lieferantenskonto.

Lösung s. Seite 123

Aufgabe 2: Gewichts- und Wertspesen

Kennzeichnen Sie Gewichtsspesen mit einem G und Wertspesen mit einem W:

- ☐ Bahnfrachten
- ☐ Verlade- und Umladekosten
- ☐ Versicherungen
- ☐ Lagerkosten
- ☐ Gebühren für Paketdienste
- ☐ Einfuhrzoll
- ☐ Provisionen für Handelsvertreter

Lösungen s. Seite 123

Aufgabe 3: Berechnung des Bezugspreises (Einstandspreises)

Die Sport Equipment AG bezieht gemäß Eingangsrechnung 987-654 folgende Rohstoffe:

- 3.200 kg von Rohstoff A: Bareinkaufspreis 23.600,00 €
- 4.000 kg von Rohstoff B: Bareinkaufspreis 29.400,00 €

Laut Rechnung fallen folgende Bezugskosten an:

- Frachtkosten 936,00 €
- Versicherungskosten: 1.192,50 €

Berechnen Sie den Einstandspreis für ein Kilogramm von Rohstoff B.

Lösung s. Seite 123

Aufgabe 4: Verteilung der Gewichts- und Wertspesen

Die Sport Equipment AG bezieht von einem Lieferanten insgesamt 75 Fremdbauteile:

- 20 Stück Bauteil A zu 260,00 € je Stück
- 18 Stück Bauteil B zu 310,00 € je Stück
- 37 Stück Bauteil C zu 240,00 € je Stück

Der Lieferant gewährt 8 % Rabatt. Der Transportunternehmer berechnet für die Verpackung 300,00 € netto, für die Verladung 120,00 € netto, Transportversicherung 450,00 € netto und für die Lkw-Fracht 1.785,00 € (Betrag einschließlich 19 % USt).

a) Verteilen Sie Gewichtsspesen auf die Bauteile A, B und C.

b) Verteilen Sie Wertspesen auf die Bauteile A, B und C.

c) Berechnen Sie die gesamten Bezugskosten für die Bauteile A, B und C.

Lösungen s. Seite 124

Aufgabe 5: Angebotsvergleich

Die Sport Equipment AG erhält von zwei Lieferanten unterschiedliche Angebote. Für welches Angebot wird man sich entscheiden, wenn die Qualität der Ware und der Lieferanten gleich ist?

Lieferant	Menge	LEP	Rabatt	Skonto	Frachtkosten	Versicherungskosten
A	5.000 Stück	7,20 €	14 %	1,5 % vom Ziel-EKP	78,00 € je 1.000 Stück	200,00 € pauschal
B	5.000 Stück	6,50 €	5 %	2 % vom Ziel-EKP	600,00 € pauschal	300,00 € pauschal

Lösung s. Seite 125

Aufgabe 6: Buchung von Einkäufen nach der bestandsorientierten Methode

INFO

Wenn Roh-, Hilfs- oder Betriebsstoffe, Fremdbauteile oder Handelswaren eingekauft werden, werden sie entweder eingelagert oder sofort in der Produktion verbraucht.

Wenn sie sofort verbraucht werden, muss man sie auch sofort als Verbrauch buchen, da sonst ein falscher Lagerbestand entstehen würde. Werden sie zwischengelagert und erst später verbraucht, müssen sie als Bestand geführt werden. Zum Aufwand werden sie in diesem Fall erst, wenn sie aus dem Lager entnommen werden und in die Produktion eingehen. Man spricht daher man von der

- bestandsorientierten und der
- verbrauchsorientierten

Methode. Beide Methoden müssen Sie in der Abschlussprüfung beherrschen!

---

a) Die Sport Equipment AG erhält gemäß Eingangsrechnung 8.000 m Kunststofffolie zum Listeneinkaufspreis von 14,78 € je laufenden Meter. Der Lieferant gewährt 12 % Mengenrabatt, für Fracht und Versicherung berechnet der Lieferant 1.500,00 €.

   Berechnen Sie den Bezugspreis (Einstandspreis) und buchen Sie den Vorgang.

b) Buchen Sie die Eingangsrechnung 100-5678 (s. Seite 31) Die Transportkostenpauschale wird anteilig auf den Warenwert der einzelnen Positionen verteilt.

Becker KG
Ihr Spezialist für Kleinmaterialien und Zubehörteile

Postfach 67 17 34 90419 Nürnberg Telefon (0911) 477841 Fax (0911) 478842
Email: becker@info.com

Becker KG • Postfach 67 • 17 34, 90419 Nürnberg

Sport Equipment AG
Schillerstraße 58
91054 Erlangen

Bankverbindung:
Frankenbank eG
IBAN DE 50 4200 0000 7756 1000 20
BIC FKBCEFL1XXX

Rechnung

Kunden-Nr.	Rechnungs-Nr.	Datum
220100	100-5678	05.08.20..

Sie erhielten gemäß Ihrer Bestellung vom 28.07.20.. und unseren Lieferungsbedingungen folgende Ware:

Artikel-Nr.	Artikel	Menge	Einzelpreis	Gesamtpreis
48971	Schrauben	100 Packungen	28,20 € je Pack.	2.820,00 €
18676	Komponentenkleber	200 Dosen	6,80 € je Dose	1.360,00 €
		- 8 % Rabatt		108,80 €
		Warenwert		4.071,20 €
		+ Transportkostenpauschale		120,00 €
				4.191,20 €
		+ 19 % USt		796,33 €
		Rechnungsbetrag		4.987,53 €

Die Leistung wurde am 05.08.20.. erbracht. Die Rechnung ist innerhalb von 8 Tagen mit 3 % Skonto vom Warenwert oder spätestens nach 30 Tagen rein netto zahlbar. Die Ware bleibt bis zur vollständigen Bezahlung unser Eigentum. Gerichtsstand ist Nürnberg. Unsere Steuer-Nummer: 3490786756

Lösungen s. Seite 126

Aufgabe 7: Buchung von Skonto (bestandsorientiert)

ACHTUNG

Ein Skonto verringert bei der Zahlung, also nachträglich, den Rechnungsbetrag und somit den Einkaufswert der Stoffe, Waren oder Vorprodukte. Da es sich nur um eine Wertkorrektur handelt, muss man den Skonto-Nettobetrag auf das Konto Nachlässe buchen. Die Vorsteuer muss im Haben mit 19 % vom Skonto-Bruttobetrag korrigiert werden, da sich der Einkaufswert geändert hat.

Beachten Sie, dass für jeden Stoff, für Waren und für Vorprodukte ein eigenes Nachlasskonto vorhanden ist.

Die Sport Equipment AG hat 100 Bikerhelme bezogen. Hier der Ausschnitt der Rechnung:

	100 Stück Bikerhelme, Einzelpreis 10,00 €	Gesamtpreis 1.000,00 €
-	Rabatt 10 %	100,00 €
+	USt 19 %	171,00 €
=	**Rechnungsbetrag**	**1.071,00 €**

Die Rechnung ist zahlbar innerhalb von 10 Tagen unter Abzug von 2 % Skonto vom Warenwert oder nach 30 Tagen rein netto.

Buchen Sie die Eingangsrechnung und die Zahlung unter Abzug von Skonto durch Überweisung vom Konto Guthaben bei Kreditinstituten (Bank).

Lösung s. Seite 127

Aufgabe 8: Buchung von Rücksendungen (bestandsorientiert)

ACHTUNG

Rücksendungen werden immer auf dem Konto ausgebucht, auf dem sie beim Rechnungseingang eingebucht wurden. Verwenden Sie hier nie die Konten für Nachlässe!

Bei Rücksendungen handelt es sich nicht nur um nachträgliche Wertminderungen der Eingangsrechnung, sondern zusätzlich um Korrekturen der eingekauften Menge.

Buchen Sie den Beleg 100-5678-1 (s. Seite 33).

Becker KG

Ihr Spezialist für Kleinmaterialien und Zubehörteile

Postfach 67 17 34 90419 Nürnberg Telefon (0911) 477841 Fax (0911) 478842
Email: becker@info.com

Becker KG • Postfach 67 • 17 34, 90419 Nürnberg

Sport Equipment AG
Schillerstraße 58
91054 Erlangen

Bankverbindung:
Frankenbank eG
IBAN DE 50 4200 0000 7756 1000 20
BIC FKBCEFL1XXX

Gutschriftsanzeige

Kunden-Nr.	**Rechnungs-Nr.**	**Datum**
220100	100-5678-1	15.08.20..

Augrund Ihrer Reklamation und Warenrücksendung (Rechnungs-Nr. 100-5678) vom 13.08.20.. erteilen wir Ihnen folgende Gutschrift:

Artikel-Nr.	**Artikel**	**Menge**	**Einzelpreis**	**Gesamtpreis**
18676	Komponentenkleber	20 Dosen	6,80 € je Dose	136,00 €
		- 8 % Rabatt		10,88 €
				125,12 €
		+ 19 % USt		23,77 €
		Rechnungsbetrag		148,89 €

Die Leistung wurde am 15.08.20.. erbracht. Wir überweisen den Gutschriftsbetrag auf Ihr Konto bei der Süddeutschen Kreditbank AG, IBAN DE 48 7505 0000 0750 8900 08, BIC SDKB DEM1XXX. Unsere Steuer-Nummer: 3490786756

Lösung s. Seite 127

Aufgabe 9: Buchung von Einkäufen nach der verbrauchsorientierten Methode

Die Sport Equipment AG erhält gemäß Eingangsrechnung 2.000 vorgefertigte Metallstäbe aus Spezialaluminium zum Listeneinkaufspreis von 27,00 € je Stück. Der Lieferant gewährt einen Mengenrabatt von 15 %. Die Transportkosten betragen 320,00 € pauschal. Diese Vorprodukte gehen unmittelbar in die Produktion hochwertiger Teleskopstöcke ein.

Lösung s. Seite 127

Aufgabe 10: Buchung von Skonto (verbrauchsorientiert)

Die Sport Equipment AG hat Flüssigkleber und Montageschaum bezogen. Hier der Ausschnitt der Rechnung:

	Artikel	Menge	Einzelpreis	Gesamtpreis
	Flüssigkleber	100 kg	15,20 €	1.520,00 €
	Montageschaum	200 Dosen	6,80 €	1.360,00 €
-	Rabatt 8 %/Montageschaum			108,80 €
+	Transportkosten			50,00 €
+	USt 19 %			536,03 €
=	**Rechnungsbetrag**			**3.357,23 €**

Die Rechnung ist zahlbar innerhalb von 8 Tagen unter Abzug von 3 % Skonto vom Warenwert oder nach 30 Tagen rein netto.

Buchen Sie die Eingangsrechnung und die Zahlung unter Abzug von Skonto durch Überweisung vom Konto Guthaben bei Kreditinstituten (Bank).

Lösung s. Seite 128

Aufgabe 11: Buchung von Rücksendungen (verbrauchsorientiert)

Die folgende Buchung erfolgte beim Rechnungseingang für Rohstoffe:

Konto-Nr.	Kontobezeichnung	Soll €	Haben €
6000	Aufwendungen für Rohstoffe	10.000,00	
2600	Vorsteuer	1.900,00	
4400	Verbindlichkeiten a. LL		11.900,00

Wegen eines Mangels werden Rohstoffe im Wert von 1.000,00 € an den Lieferanten zurückgesendet. Die Eingangsrechnung ist zu diesem Zeitpunkt noch nicht ausgeglichen. Die Rücksendung wird mit der bestehenden Verbindlichkeit verrechnet. Buchen Sie den Vorgang.

Lösung s. Seite 128

Aufgabe 12: Finanzwirtschaftliche Auswirkung einer Skontierung

a) Bestandteil einer Eingangsrechnung ist u. a. folgende Zahlungsbedingung: „zahlbar innerhalb von 30 Tagen ohne Abzug oder innerhalb von 10 Tagen ab Rechnungsdatum unter Abzug von 3 % Skonto vom Rechnungsbetrag".

Die Rechnung wurde nicht skontiert, stattdessen wurde das Zahlungsziel voll ausgenutzt. Welche der folgenden Formeln führt zu einer korrekten und genauen Berechnung der effektiven Verzinsung dieses Lieferantenkredits? Kreuzen Sie die richtige Formel an.

☐ $$\frac{\text{Skontobetrag brutto} \cdot 100 \cdot (\text{Rechnungsbetrag - Skonto})}{360 \cdot 20}$$

☐ $$\frac{\text{Skontobetrag brutto} \cdot 100 \cdot 360}{(\text{Rechnungsbetrag - Skonto}) \cdot 20}$$

☐ $$\frac{\text{Skontobetrag netto} \cdot 20 \cdot 360}{(\text{Rechnungsbetrag - Skonto}) \cdot 100}$$

☐ $$\frac{\text{Skontobetrag brutto} \cdot 100 \cdot 360}{(\text{Rechnungsbetrag - Skonto}) \cdot 20}$$

b) Die Sport Equipment AG erhält eine Eingangsrechnung für Fremdbauteile mit Höhe von 14.518,00 €. Der Lieferant gewährt bei Zahlung innerhalb von 10 Tagen 2,5 % Skonto vom Rechnungsbetrag. Das gesamte Zahlungsziel beträgt 35 Tage.

Berechnen Sie den effektiven Jahreszins für den Lieferantenkredit, wenn die Sport Equipment AG auf die Skontierung verzichtet und das Zahlungsziel vollständig ausnutzt

c) Bei einer Eingangsrechnung über 1.071,00 € lauten die Zahlungsbedingungen des Lieferanten: 2 % Skonto vom Rechnungsbetrag bei Zahlung innerhalb von 10 Tagen, 30 Tage rein netto. Der Zinssatz für kurzfristige Kredite der Hausbank der Sport Equipment AG beträgt aktuell 10 %. Man überlegt, ob man statt der Ausnutzung des Zahlungsziels (Lieferantenkredit) einen kurzfristigen Kredit der Hausbank in Anspruch nimmt, um damit die Skontierung auszunutzen.

Berechnen Sie das Finanzierungsergebnis, das sich dabei ergibt.

d) Berechnen Sie für Teilaufgabe c) den effektiven Jahreszinssatz für den Lieferantenkredit in vereinfachter Form, indem Sie auf den Ansatz von Beträgen verzichten.

Lösungen s. Seite 129

Aufgabe 13: Geleistete Anzahlungen

ACHTUNG

Eine geleistete Anzahlung ist eine Art Forderung gegenüber dem Lieferanten, da der Eingang der Ware zu diesem Zeitpunkt noch fehlt. Daher erfolgt die Buchung auf ein Konto der Klasse 2.

In Einzelfällen kommt es vor, dass die Sport Equipment AG für die Bestellung von Handelswaren an den Lieferanten eine Anzahlung leisten muss. Für eine Bestellung von 300 Tourenski-Sets im Gesamtwert von 60.000,00 € wurde eine Anzahlung von 20 % bei Vertragsabschluss vereinbart.

a) Buchen Sie die Anzahlung.

b) Mit der Eingangsrechnung geht folgende Endabrechnung ein:

	300 Tourenski-Sets	60.000,00 €
+	USt 19 %	11.400,00 €
=	Rechnungsbetrag	71.400,00 €
-	Anzahlung	12.000,00 €
-	USt 19 %	2.280,00 €
=	**Restzahlung**	**57.120,00 €**

Buchen Sie die Eingangsrechnung.

Lösungen s. Seite 129

TIPP

Diesen Vorgang müssen Sie in zwei getrennten Schritten buchen.

1. Buchen Sie die Eingangsrechnung über den gesamten Betrag.
2. Korrigieren Sie die geleistete Anzahlung auf diesem Konto im Haben und zusätzlich auch die Umsatzsteuer der Anzahlung, ebenfalls im Haben. Den Bruttobetrag buchen Sie auf das Konto Verbindlichkeiten a. LL im Soll. Dadurch ergibt sich auf diesem Konto der Betrag, der der Restzahlung entspricht.

4. Buchungen und Berechnungen bei Absatzprozessen

Beim Verkauf von Fertigerzeugnissen oder Handelswaren erzielt das Unternehmen Umsatzerlöse. Diese Umsatzerlöse (netto) werden ausschließlich in der Kontenklasse 5 auf den Konten 5000 Umsatzerlöse für eigene Erzeugnisse oder 5100 Umatzerlöse für Waren verbucht. Korrekturen kommen als Skonto, Bonus oder bei Rücksendungen vor. Eventuell werden den Kunden Frachtkosten berechnet. Die Umsatzsteuer wird immer auf das Konto 4800 Umsatzsteuer gebucht.

ACHTUNG

Buchen Sie Verkäufe von fertigen Erzeugnissen nie im Haben auf das Konto 2200 Fertige Erzeugnisse. Auf dieses Konto wird ein eventueller Inventurbestand am Bilanzstichtag gebucht.

Aufgabe 1: Buchung der Ausgangsrechnung

a) Die Sport Equipment AG erstellt für eine Lieferung an die Sportland GmbH folgende Ausgangsrechnung (Ausschnitt):

	Artikel-Nr.	Artikel	Menge	Einzelpreis	Gesamtpreis
	12478	Rucksäcke	125	34,00 €	4.250,00 €
	12780	Schneeschuhe	20	62,50 €	1.250,00 €
	Warenwert netto				5.500,00 €
+	19 % USt				1.045,00 €
=	**Rechnungsbetrag**				**6.545,00 €**

Zahlbar innerhalb von 10 Tagen unter Abzug von 2 % Skonto vom Warenwert, 20 Tage rein netto ohne Abzug.

Buchen Sie die Ausgangsrechnung.

b) Die Sport Equipment AG erstellt für eine Lieferung an die Wave & Surf GmbH folgende Ausgangsrechnung (Ausschnitt):

	Artikel-Nr.	Artikel	Menge	Einzelpreis	Gesamtpreis
	12795	Kite-Schirme	10	360,00 €	3.600,00 €
+	19 % USt				684,00 €
=	**Rechnungsbetrag**				**4.284,00 €**

Zahlbar innerhalb von 10 Tagen unter Abzug von 2 % Skonto vom Warenwert, 20 Tage rein netto ohne Abzug.

Buchen Sie die Ausgangsrechnung.

c) Für die Lieferung der Waren an den Kunden Wave & Surf GmbH beauftragte die Sport Equipment AG einen Transportunternehmer. Die Lieferung erfolgt vereinbarungsgemäß „frei Haus". Der Transportunternehmer berechnet 200,00 €, zuzüglich 19 % USt. Buchen Sie die Eingangsrechnung.

d) Die Sport Equipment AG erstellt für eine Lieferung an die Eurosport GmbH & Co. KG folgende Ausgangsrechnung (Ausschnitt):

	Artikel-Nr.	**Artikel**	**Menge**	**Einzelpreis**	**Gesamtpreis**
	12801	Tourenski-Set	20	350,00 €	7.000,00 €
	11899	Skihelme	160	25,00 €	4.000,00 €
	10999	Speichen für Einräder	750	5,00 €	3.750,00 €
	Warenwert netto				14.750,00 €
+	Transport und Verpackung pauschal				150,00 €
	Gesamtwert netto				14.900,00 €
+	19 % USt				2.831,00 €
=	**Rechnungsbetrag**				**17.731,00 €**

Zahlbar innerhalb von 10 Tagen unter Abzug von 2 % Skonto vom Warenwert, 20 Tage rein netto ohne Abzug.

Buchen Sie die Ausgangsrechnung.

Lösungen s. Seite 131

Aufgabe 2: Buchung des Zahlungseingangs mit Skontierung

INFO

Ein Skonto verringert bei der Zahlung, also nachträglich, den Rechnungsbetrag und die Umsatzerlöse der gelieferten Erzeugnisse oder Waren. Da es sich nur um eine Wertkorrektur handelt, muss man den Skonto-Nettobetrag auf das Konto Erlösberichtigungen buchen. Die Umsatzsteuer muss im Soll mit 19 % vom Skonto-Bruttobetrag korrigiert werden, da sich der Wert des Umsatzes geändert hat. Beachten Sie, dass für jedes Umsatzerlöskonto ein eigenes Berichtigungskonto vorhanden ist.

Die Sportlang GmbH überweist den Rechnungsbetrag aus Aufgabe 1 a) unter Abzug von 2 % Skonto auf das Bankkonto der Sport Equipment AG. Buchen Sie den Vorgang.

Lösung s. Seite 132

Aufgabe 3: Buchung einer Rücksendung

ACHTUNG

Rücksendungen von Kunden werden immer auf dem Konto gebucht, auf dem sie beim Rechnungseingang gebucht wurden. Verwenden Sie hier nie die Konten für Erlöskorrekturen. Bei Rücksendungen handelt es sich nicht nur um nachträgliche Wertminderungen der Umsatzerlöse, sondern zusätzlich um Korrekturen der verkauften Menge. Der Lagerbestand erhöht sich wieder.

Die Wave & Surf GmbH reklamiert bei der Sport Equipment AG einen Kite-Schirm (vgl. Aufgabe 1 b) wegen eines Mangels und vereinbart die Rücksendung. Die Wave & Surf GmbH erhält folgende Gutschrift (Ausschnitt):

Gutschrift zur Rechnung Nr...

	Warenwert	360,00 €
+	19 % USt	68,40 €
=	**Gutschrift**	**428,40 €**

a) Buchen Sie den Vorgang unter der Annahme, dass die Rechnung durch die Wave & Surf GmbH noch nicht bezahlt wurde. Die Gutschrift wird mit der Rechnung verrechnet.

b) Buchen Sie den Vorgang unter der Annahme, dass die Rechnung durch die Wave & Surf GmbH bereits bezahlt wurde.

Lösungen s. Seite 132

Aufgabe 4: Welche der folgenden Aussagen sind richtig?

- ☐ Wenn Kunden beanstandete Erzeugnisse zurücksenden, führt das beim Lieferanten zu einer nachträglichen Erhöhung seiner Umsatzerlöse.
- ☐ Eine Rücksendung von Erzeugnissen an den Lieferanten führt bei ihm zu einer Erhöhung des Lagerbestandes und zu einer nachträglichen Verringerung der Umsatzerlöse.
- ☐ Wenn Kunden eine Rechnung des Lieferanten skontieren, muss der Lieferant die Vorsteuer korrigieren.
- ☐ Sendet ein Kunde Waren im Wert von brutto 660,45 € an den Lieferanten zurück, muss der Lieferant seine Umsatzsteuer im Haben um 125,49 € korrigieren.
- ☐ Sendet ein Kunde Waren im Wert von brutto 660,45 € an den Lieferanten zurück, muss der Lieferant seine Umsatzsteuer im Soll um 105,45 € korrigieren.
- ☐ Eine Skontierung durch den Kunden hat auf die Umsatzsteuer des Lieferanten keine Auswirkung.

Lösungen s. Seite 133

Aufgabe 5: Sofortrabatt

Die Sport Equipment AG erstellt folgende Ausgangsrechnung:

Sport Equipment AG

Sport Equipment AG • Schillerstraße 58 • 91054 Erlangen • Tel. 09131 47884-0 • Fax: 09131 47884-20 • Email: info@sportequipment.eu

Globetrotter Strasser e. Kfm.
Inhaberin Anne Strasser
Alter Teich 12
31863 Bisperode

Kunden-Nr.: 4240
Ansprechpartner: Frau Mutz
Tel. 09131-427111
Lieferschein-Nr.: 42928
Lieferdatum: 06.10.20..
Rechnungsdatum: 08.10.20..

Rechnungsnummer: 8749

Artikel-Nr.	Artikel	Menge	Einzelpreis	Gesamtpreis
12600	Einrad	250	100,00 €	25.000,00 €
	- Rabatt 10 %			2.500,00 €
Warenwert netto				22.500,00 €
+ 19 % USt				4.275,00 €
Rechnungsbetrag				26.775,00 €

Die Leistung wurde am 06.10.20.. erbracht.
Zahlbar innerhalb von 10 Tagen unter Abzug von 2 % Skonto vom Warenwert, 20 Tage rein netto ohne Abzug. Die Ware bleibt bis zur vollständigen Bezahlung unser Eigentum. Gerichtsstand ist Erlangen. Unsere Steuer-Nummer: 1234567890

Süddeutsche Kreditbank AG
IBAN DE 48 7505 0000 0750 8900 08
BIC SDKBDEM1XXX

Norddeutsche Kreditbank AG
IBAN DE 82 3605 0000 0698 8900 17
BIC NDKBDEM1XXX

Buchen Sie die Ausgangsrechnung 8749.

Lösung s. Seite 133

Aufgabe 6: Bonus

Die Sport Equipment AG gewährt einem Kunden zum Ende des Geschäftsjahres einen Bonus von 2 % auf den Gesamtwert der Umsätze in Höhe 337.567,90 €. Der Kunde erhält eine Gutschrift, der Betrag wird sofort vom Bankkonto überwiesen.

a) Erläutern Sie kurz, um was es sich bei einem Bonus handelt.

b) Berechnen und buchen Sie den Bonus.

Lösungen s. Seite 133

Aufgabe 7: Kalkulation von Handelswaren

a) Berechnung des Listenverkaufspreises: Die Sport Equipment AG bezieht Schlafsäcke des mittleren Preissegments von einem Lieferanten in China und verkauft sie mit eigenem Logo als Handelsware. Der Bezugspreis beträgt 40,00 €, man kalkuliert mit 15 % Handlungskostenzuschlag, 20 % Gewinnzuschlag, 2 % Kundenskonto und 10 % Kundenrabatt. Berechnen Sie den Listenverkaufspreis.

b) Berechnen Sie den Kalkulationszuschlag für die Schlafsäcke.

c) Berechnen Sie die Handelsspanne für die Schlafsäcke.

d) Berechnen Sie den Kalkulationsfaktor für die Schlafsäcke.

Lösungen s. Seite 134

Aufgabe 8: Kalkulation von eigenen Erzeugnissen

ACHTUNG

Alle Zuschläge, außer Vertreterprovision, Skonto und Rabatt, werden immer „vom Hundert" berechnet. Bei den drei genannten Ausnahmen erfolgt die Berechnung „im Hundert". Barverkaufspreis und Listenverkaufspreis stellen also keine 100 % dar, sondern entsprechend weniger. Das ist notwendig, da der Kunde den Rabatt vom Listenverkaufspreis (für ihn der Listeneinkaufspreis) und das Skonto vom Zielverkaufspreis (für ihn der Zieleinkaufspreis) berechnet, also von 100 %. Ein Vertreter berechnet seine Provision ebenfalls vom Zielverkaufspreis (100 %).

Die Sport Equipment AG fertigt Elemente für Boulderwände in Kleinserienfertigung und Einzelfertigung nach den Vorgaben der Kunden. Kunden sind große Sportvereine und Schulen. Für das Standardelement XL-100 gelten folgende Zuschlagssätze:

- Materialgemeinkosten 10 %
- Fertigungsgemeinkosten 110 %
- Verwaltungsgemeinkosten 15 %
- Vertriebsgemeinkosten 5 %
- Gewinnzuschlag 18 %
- Vertreterprovision 6 %
- Kundenskonto 2 %
- Kundenrabatt 15 %.

Sondereinzelkosten für Fertigung und Vertrieb fallen nicht an. Einzelkosten fallen je nach Größe des Elements an. Für den Auftrag eines Sportvereins betragen die Materialeinzelkosten 280,00 € und die Fertigungslöhne 90,00 €. Berechnen Sie den Listenverkaufspreis.

Lösung s. Seite 136

Aufgabe 9: Rückwärtskalkulation

TIPP

Rechnen Sie bei der Rückwärtskalkulation konsequent von „unten nach oben". Beachten Sie genau, wie viel Prozent die jeweilige Berechnungsbasis beträgt. Die Fertigungskosten bleiben unverändert, da sich die Fertigungslöhne nicht ändern.

a) Der kalkulierte Listenverkaufspreis (Aufgabe 8) muss auf 850,00 € gesenkt werden. Da man die Zuschlagssätze nicht verändern will, muss man versuchen, die Einzelkosten für das verwendete Material zu senken. Wie hoch dürfen die Kosten für das Material höchstens sein, damit diese Vorgaben eingehalten werden können?

b) Berechnen Sie die notwendige Senkung der Materialeinzelkosten in Prozent.

Lösungen s. Seite 137

Aufgabe 10: Differenzkalkulation

ACHTUNG

Die Kalkulation bleibt bis zu den Selbstkosten unverändert. Alle anderen Positionen ändern sich. Der neue Gewinnzuschlag in Euro ergibt sich durch den Unterschied von den Selbstkosten zum veränderten Barverkaufspreis.

Gehen wir davon aus, dass man seitens der Sport Equipment AG die notwendige Senkung der Einzelkosten für die Materialien (Aufgabe 9) nicht erreichen kann. Da man den Auftrag für diesen Kunden jedoch ausführen möchte, entschließt man sich ausnahmsweise zu einer Reduzierung des Gewinns. Alle anderen Zuschläge und Einzelkosten bleiben unverändert. Der Listenverkaufspreis soll unverändert bei 850,00 € liegen. Berechnen Sie den neuen Gewinn in Euro und Prozent, sowie die Differenz zum geplanten Gewinnzuschlagssatz.

Lösung s. Seite 138

Aufgabe 11: Erhaltene Anzahlungen

INFO

Jede Anzahlungsrechnung muss mit der gesetzlichen Umsatzsteuer erstellt werden. Der Nettobetrag der Anzahlung wird auf das Konto Erhaltene Anzahlungen gebucht und stellt eine Verbindlichkeit dar, da zu diesem Zeitpunkt noch keine Leistung erfolgt ist.

Die Sport Equipment AG erhält einen Auftrag über die Herstellung einer Kletteranlage in einem Hochseilklettergarten im Gesamtwert von 100.000,00 €. Da es sich um eine Sonderanfertigung handelt, konnte man mit dem Auftraggeber eine Anzahlung von 30 % vereinbaren. Die Anzahlung wird bei Übergabe der Kletterwand mit dem Kaufpreis verrechnet.

a) Buchen Sie den Zahlungseingang der Anzahlung auf dem Konto 2800 Bank.

b) Nach Fertigstellung wird die Anlage geliefert und mit der Ausgangsrechnung folgende Endabrechnung erstellt:

	Kletteranlage	100.000,00 €
+	USt 19 %	19.000,00 €
=	Rechnungsbetrag	119.000,00 €
-	Anzahlung	30.000,00 €
-	USt 19 %	5.700,00 €
=	**Restzahlung**	**83.300,00 €**

Buchen Sie die Ausgangsrechnung.

Lösungen s. Seite 139

ACHTUNG

Diesen Vorgang müssen Sie in zwei Schritten buchen.

1. Buchen Sie die Ausgangsrechnung so, als wäre keine Anzahlung erfolgt.
2. Gleichen Sie das Konto „erhaltene Anzahlungen“ aus, korrigieren die Umsatzsteuer und verringern die Forderungen um den Bruttobetrag der Anzahlung. Auf dem Konto Forderungen a. LL ergibt sich dadurch genau der Betrag, der der Restzahlung entspricht.

---

5. Buchungen und Berechnungen bei Leistungsprozessen

Leistungsprozesse befassen sich mit der Beschaffung von Anlagegütern, deren Wertminderung und letztlich ihren Ersatz im Rahmen einer Neuinvestition. In diesem Zusammenhang müssen Anschaffungskosten ermittelt und eine Reihe von Buchungen durchgeführt werden. Unabdingbar sind dabei auch Kenntnisse über die aktuellen Abschreibungsmöglichkeiten.

INFO

Anschaffungskosten sind alle Kosten, die beim Kauf eines Gegenstandes entstehen, um diesen in einen betriebsbereiten Zustand zu versetzen. Zu dem Kaufpreis muss man daher Nebenkosten addieren und Minderungen subtrahieren.

Beispiele:

- Transportkosten sind Anschaffungsnebenkosten.
- Skonti sind Minderungen.

	Kaufpreis (ohne Umsatzsteuer)
+	Nebenkosten (ohne Umsatzsteuer)
-	Minderungen (ohne Umsatzsteuer)
=	**Anschaffungskosten**

Herstellungskosten sind Kosten, die bei Herstellung von Erzeugnissen entstehen. Dieser Fall ist nur bedeutsam, wenn das Erzeugnis im eigenen Unternehmen verwendet wird.

	Fertigungsmaterial
+	Sondereinzelkosten der Fertigung
+	Fertigungslöhne
+	Materialgemeinkosten
+	Fertigungsgemeinkosten
=	Mindestwert für die HK
+	Verwaltungsgemeinkosten
=	**Höchstwert für die HK**

Aufgabe 1: Berechnung der Anschaffungskosten/Herstellungskosten

a) Die Sport Equipment AG kauft eine Spezialmaschine für die Fertigung von Kunststoffelementen. Hier die Rechnung in Kurzform:

Position	Artikel	Menge	Einzelpreis in €	Gesamtpreis in €
01	Maschine XXP-134	1	472.160,00	472.160,00
02	Fundamentierung	1	3.500,00	3.500,00
03	Halterung	1	700,00	700,00
04	Werkzeugmagazin	1	565,00	565,00
Gesamtsumme der Anlage			476.925,00	476.925,00
05	Installation		2.300,00	2.300,00
Gesamtsumme Pos. 01 – 05				479.225,00
+	19 % USt			91.052,75
=	**Rechnungspreis**			**570.277,75**

Die Rechnung kann innerhalb von 10 Tagen unter Abzug von 2 % Skonto oder nach 30 Tagen rein netto ohne Abzug beglichen werden.

Der Transport erfolgt durch einen Spediteur. Er berechnet einschließlich Transportversicherung 2.500,00 €, zuzüglich 19 % USt 475,00 €, also insgesamt 2.975,00 €.

Berechnen Sie die gesamten Anschaffungskosten ohne Berücksichtigung von Skonto für diese Anlage.

b) Der Kaufpreis für eine Büroeinrichtung beträgt 3.000,00 € netto. Die Transport- und Montagekosten betragen 200,00 € netto, der Rechnungsbetrag über den Kaufpreis wurde unter Abzug von 2 % Skonto vom Warenwert bezahlt. Welche der folgenden Angaben zu den Anschaffungskosten ist richtig?

- ☐ 3.140,00 €
- ☐ 3.200,00 €
- ☐ 3.136,00 €
- ☐ 3.000,00 €
- ☐ 2.940,00 €

Lösungen s. Seite 140

Aufgabe 2: Buchung der Eingangsrechnung einer Anlage

INFO

Anschaffungsnebenkosten werden immer auf das entsprechende Anlagenkonto gebucht. Man bezeichnet diesen Vorgang als „Aktivierung".

Buchen Sie Anschaffungsnebenkosten nie auf ein Aufwandskonto.

a) Buchen Sie die Eingangsrechnung der Maschine aus Aufgabe 1.

b) Buchen sie die Eingangsrechnung der Spedition aus Aufgabe 1.

Lösungen s. Seite 140

Aufgabe 3: Anschaffungsnebenkosten

INFO

Zu den gesamten Anschaffungskosten zählen auch alle Aufwendungen, die beim Kauf des Anlagegutes anfallen, um dieses in einen betriebsbereiten Zustand zu versetzen. Dazu gehören bei einer Maschine z. B. Transportkosten, Montagekosten oder Zubehör. Diese Kosten bezeichnet man als Anschaffungsnebenkosten.

Welche der nachfolgenden Aussagen stellen in diesem Zusammenhang Anschaffungsnebenkosten dar.

- ☐ Die Süddeutsche Kreditbank AG stellt der Sport Equipment AG 3,57 % brutto Maklerprovision für die Vermittlung eines Grundstücks in Rechnung.
- ☐ Lastschrifteinzug der Grundsteuer vom Konto Bankguthaben
- ☐ Spezialplane für einen Klein-Lkw
- ☐ Vermessungs- und Erschließungskosten für ein Grundstück
- ☐ Grunderwerbssteuer für ein neu angeschafftes Grundstück mit Gebäude
- ☐ Softwarepaket MS Office 365 bei einem Laptop
- ☐ Zinsbelastung der Süddeutschen Kreditbank AG für die Finanzierung einer Maschine
- ☐ Überführungskosten beim Kauf eines Kraftfahrzeugs
- ☐ Erste Tankfüllung bei einem neuen Fahrzeug
- ☐ Kosten der Zulassung bei einem Neufahrzeug

Lösungen s. Seite 141

Aufgabe 4: Buchung von Nachlässen

Die Sport und Equipment AG gleicht die Eingangsrechnung für die Maschine aus Aufgabe 1 unter Abzug von Skonto aus. Berechnen Sie den Überweisungsbetrag und buchen Sie den Zahlungsausgang.

Lösung s. Seite 141

INFO

Gemäß Handelsrecht (HGB) und Steuerrecht (EStG) sind alle abnutzbaren Anlagegüter am Ende eines Geschäftsjahres mit ihren fortgeführten Anschaffungs- oder Herstellungskosten in die Bilanz zu übernehmen, also abzüglich der Abschreibung (AfA).

- Die maximale Höhe der Wertminderung gibt das Einkommensteuergesetz durch die Nutzungsdauer in Jahren vor. Diese Vorgaben sind verbindlich.
- Als Abschreibungsmethoden stehen die lineare AfA, die AfA nach Leistungseinheiten, sowie die die Poolabschreibung oder die Sofortabschreibung für Geringwertige Wirtschaftsgüter zur Verfügung.
- Die früher mögliche degressive Abschreibung ist seit dem 01.01.2011 nicht mehr möglich. Gegenstände, die vor diesem Datum angeschafft und degressiv abgeschrieben wurden, bleibt diese Methode aber bis zum Ende der Nutzungsdauer erhalten.
- Die Abschreibung nach Leistungseinheiten ist nur nach Genehmigung der Finanzbehörde möglich.
- Wirtschaftsgüter mit Anschaffungs- oder Herstellungskosten über 1.000,00 € müssen planmäßig über die Nutzungsdauer abgeschrieben werden. Betragen die AK oder HK mehr als 800,00 € und nicht mehr als 1.000,00 € kann man zwischen der GWG-Poolabschreibung und der planmäßigen Abschreibung über die Nutzungsdauer wählen.
- Erfolgt die Anschaffung während des laufenden Geschäftsjahres, darf die Abschreibung nur zeitanteilig für die restlichen Monate des Jahres vorgenommen werden. Der Monat der Anschaffung zählt dabei mit.
- Sonderfälle sind Wirtschaftsgüter und Gegenstände, die sofort beim Kauf als Aufwand gebucht werden müssen. Dies ist der Fall, wenn ihre Anschaffungs- oder Herstellungskosten bis 250,00 € liegen.

Aufgabe 5: Planmäßige Abschreibung

a) Stellen Sie den Abschreibungsverlauf für einen Pkw mit Anschaffungskosten in Höhe von 36.000,00 € und einer Nutzungsdauer von sechs Jahren dar. Das Fahrzeug wurde am 01.01.2019 angeschafft. Die Abschreibung erfolgt nach der linearen Methode.

b) Stellen Sie den Abschreibungsverlauf für den gleichen Pkw dar, wenn das Fahrzeug am 15.06.2019 angeschafft worden wäre.

INFO

Wenn ein Anlagegegenstand nach dem Ende seiner Nutzungsdauer weiter im Unternehmen genutzt wird, muss man ihn in der Bilanz als solchen mit seinem Wert ausweisen. Da er eigentlich keinen Wert mehr hat, setzt man ihn mit einem fiktiven Restwert ein. Man bezeichnet diesen Wert als Erinnerungswert und wählt dafür meistens 1,00 €.

c) Stellen Sie den Abschreibungsverlauf des letzten Nutzungsjahres auf der Grundlage von Teilaufgabe b) dar, indem Sie einen Restwert von 1,00 € ansetzen.

d) Nehmen wir an, der Pkw aus der Teilaufgabe a) wäre am 02.01.2019 angeschafft worden. Die Sport Equipment AG beschließt, dass alle Mitarbeiter, die den Pkw fahren, ihre gefahrenen Kilometer in einem Fahrtenbuch eintragen, sodass der Pkw nach Leistungseinheiten abgeschrieben werden kann.

Über die sechs Jahre Nutzungsdauer wird mit folgenden Fahrleistungen geplant:

Jahr	1	2	3	4	5	6
km	30.000	24.000	24.000	21.000	26.000	25.000

Stellen Sie den Abschreibungsverlauf dar und buchen Sie die Abschreibung im dritten Nutzungsjahr.

e) Die Sport Equipment AG benötigt zum Aufstellen großer Kletteranlagen einen mobilen Kran und arbeitet mit einem Unternehmen zusammen, das derartige Kräne bereitstellt. Diese Anlagen werden wegen ihrer stark schwankenden Auslastung nach Leistungseinheiten abgeschrieben. Hierzu liegen folgende Daten vor: Anschaffungskosten 500.000,00 €, Nutzungsdauer sechs Jahre, geplante Betriebsstunden 10.000.

Geplante Auslastung für den Zeitraum der Nutzungsdauer:

- 1. Jahr 1.700 Stunden
- 2. Jahr 2.500 Stunden
- 3. Jahr 1.500 Stunden
- 4. Jahr 1.000 Stunden
- 5. Jahr 1.300 Stunden
- 6. Jahr 2.000 Stunden

Stellen Sie den Abschreibungsverlauf für diese Anlage dar.

f) Buchen Sie die Abschreibung im ersten Nutzungsjahr von Teilaufgabe e).

g) Welche der folgenden Aussagen sind richtig?

- ☐ Abschreibungen stellen Erträge für das Unternehmen dar.
- ☐ Die Nutzungsdauern sind frei wählbar.
- ☐ Der AfA-Satz der linearen Abschreibung ergibt sich aus 100 : Jahre der Nutzungsdauer.
- ☐ Die lineare Abschreibungsmethode wird i. d. R. im Rahmen der Kosten- und Leistungsrechnung verwendet, da sie zu gleichmäßigen Abschreibungsbeträgen führt und somit über die ganze Nutzungsdauer eine konstante Kalkulationsgrundlage darstellt.
- ☐ Die Abschreibung nach Leistungseinheiten entspricht der tatsächlichen Wertminderung des Anlagegutes mehr als die lineare Methode.
- ☐ Sämtliche gültigen Abschreibungsmethoden sind frei wählbar.
- ☐ Ein Unternehmen kann auch auf die Abschreibung der Anlagegüter verzichten.
- ☐ Wenn ein Anlagegut am Ende der Nutzungsdauer weiter betrieblich genutzt wird, muss es im Inventar und in der Bilanz mit einem Erinnerungswert ausgewiesen werden.

Lösungen s. Seite 142

Aufgabe 6: Geringwertige Wirtschaftsgüter (GWG)

INFO

Rechtslage seit 01.01.2018

- Voraussetzung für ein Geringwertiges Wirtschaftsgut ist, dass der Gegenstand vollkommen selbstständig nutzbar und beweglich ist und seine Anschaffungs- oder Herstellungskosten zwischen 250,01 € und 1.000,00 € liegen. Zubehörteile z. B. sind daher keine GWG.
- Handelt es sich um GWG bis zu einem Wert von 800,00 €, kann man zwischen der Poolabschreibung und der Sofortabschreibung als Betriebsausgabe wählen.
- Bei GWG mit einem Wert von 250,01 € bis 1.000,00 € kann die Pool-Abschreibung angewandt werden, die Gegenstände müssen jedoch in einem gesonderten Verzeichnis erfasst werden.
- GWG mit einem Wert über 800,00 € müssen im Rahmen der Polung über fünf Jahre linear abgeschrieben werden.
- Ein GWG mit einem Wert bis 250,00 € wird sofort als Büroaufwand gebucht.

a) Welche der folgenden Gegenstände können als GWG abgeschrieben werden? Begründen Sie, wenn das nicht der Fall ist.

- ☐ Schreibtischstuhl, 256,00 €
- ☐ Softwarepaket MS Office 365, 169,00 €
- ☐ Notebook, 599,00 €
- ☐ Externe Festplatte für das Notebook, 99,00 €
- ☐ Smartphone, 219,00 €
- ☐ Digitalkamera für Werbeaufnahmen, 1.249,00 €
- ☐ Transporttasche für das Notebook, 45,00 €

b) Die Eingangsrechnung für einen Präsentationsständer, Warenwert 154,50 €, USt 29,36 €, Rechnungspreis 183,86 €, wird unter Abzug von 3 % Skonto durch sofortige Überweisung vom Bankkonto beglichen. Buchen Sie den Vorgang.

c) Eingangsrechnung für einen Schreibtischstuhl, Warenwert 300,00 €, USt 57,00 €, Rechnungspreis 357,00 €. Welche der folgenden Aussagen sind richtig?

- ☐ Buchung als GWG mit Sofortabschreibung ist möglich.
- ☐ Kann als Büroaufwand gebucht werden.
- ☐ Muss linear über die Nutzungsdauer abgeschrieben werden.
- ☐ Kann in den GWG-Pool eingestellt werden.
- ☐ Muss in den GWG-Pool eingestellt werden.

d) Im laufenden Geschäftsjahr 2019 wurden folgende Gegenstände angeschafft (die Eingangsrechnungen sind inzwischen alle beglichen):

Gegenstand	**Menge**	**Anschaffungskosten je Stück in €**	**Anschaffungskosten gesamt in €**
Schreibtisch	1	875,00	875,00
Faxgerät	1	155,00	155,00
Notebook	3	999,00	2.997,00
Präsentationskoffer	2	170,00	340,00
Laminiergerät A1	1	210,00	210,00
Digitalkamera	1	405,00	405,00
Summe			4.982,00

Sämtliche Gegenstände wurden in den GWG-Pool 2019 eingebucht.

Stellen Sie den Abschreibungsplan für diesen Pool auf und buchen Sie die Poolabschreibung zum 31.12.2019.

e) Die Sport Equipment AG kauft am 02.01.2019 einen feuersicheren Schrank, Warenwert 400,00 €, USt 76,00 €, Rechnungspreis 476,00 €. Stellen Sie die möglichen Abschlussbuchungen zum 31.12.2019 dar.

Lösungen s. Seite 145

Aufgabe 7: Außerplanmäßige Abschreibung

INFO

Bei wesentlichen technologischen Veränderungen oder starken Beschädigungen kann eine dauerhafte Wertminderung eines Anlagegegenstandes eintreten. In diesem Fall muss eine Minderung des aktuellen Restbuchwerts durch eine außerplanmäßige Abschreibung vorgenommen werden.

Bei der Sport Equipment AG ist am Ende des Geschäftsjahres 2019 eine technische Anlage mit einem Restbuchwert von 50.000,00 € inventarisiert. Die Restnutzungsdauer beträgt fünf Jahre. Die Anlage wurde bisher mit 10 % pro Jahr linear abgeschrieben. Ein Schaden im Jahr 2020, der nicht vollständig reparierbar ist, vermindert den Restwert dauerhaft um 50 %. Buchen Sie die außerplanmäßige Abschreibung zum Ende des Geschäftsjahres 2020 und stellen Sie einen aktuellen Abschreibungsplan auf.

Lösungen s. Seite 148

Aufgabe 8: Anlagenspiegel

Ein Großunternehmen wurde vor acht Jahren gegründet. Im Jahr der Gründung wurden unter dem Bilanzposten „Anlagen der mechanischen Materialbearbeitung" Maschinen zu Anschaffungskosten von 14,76 Mio. € angeschafft. Die kumulierten Abschreibungen betrugen zum Bilanzstichtag des siebten Geschäftsjahres 8.610.000,00 €.

Auszug aus dem Anlagenspiegel zum Ende des siebten Geschäftsjahres in T€:

Bilanzposten	AK/HK der Vorjahre	Zugänge zu AK/HK	Abgänge zu AK/HK	Abschreibungen des Berichtsjahres	Kumulierte Abschreibungen	Buchwert am Ende des Vorjahres	Buchwert am Ende des Berichtsjahres
0	1	2	3	4	5	6	7
Anlagen d. m. M.	14.760				8.610		

AK = Anschaffungskosten, HK = Herstellungskosten

a) Berechnen Sie die Höhe der jährlichen Abschreibungen.

b) Am 19.01. des achten Geschäftsjahres wird eine zusätzliche Maschine gekauft. Anschaffungskosten 940.000,00 €, Nutzungsdauer zehn Jahre, Abschreibung linear. Mit welchem Betrag werden die AK/HK in Spalte 1 des Anlagenspiegels im neunten Geschäftsjahr ausgewiesen?

c) Erstellen Sie den Anlagenspiegel zum Ende des achten Geschäftsjahres.

Lösungen s. Seite 148

Aufgabe 9: Verkauf gebrauchter Anlagegüter

Die Sport Equipment AG verkauft am 20.06.2020 eine Maschine der Materialbearbeitung im zehnten Jahr ihrer Nutzung.

a) Am 31.12.2019 betrug der Restbuchwert 36.000,00 €. Berechnen Sie die zeitanteilige Abschreibung für das Jahr 2020, stellen Sie den aktuellen Restbuchwert zum 20.06.2020 fest und buchen Sie die Abschreibung. Die Nutzungsdauer gemäß amtlicher AfA-Tabelle: 10 Jahre. Abschreibungsmethode: linear.

TIPP

Gehen Sie immer in drei Schritten vor:

1. Berechnung und Buchung der zeitanteiligen Abschreibung
2. Buchung des Verkaufserlöses
3. Buchung des Anlagenabgangs.

b) Verkauf zum Restbuchwert

Auszug aus der Ausgangsrechnung über den Verkauf der Maschine:

	Maschine, gebraucht	21.000,00 €
+	19 % USt	3.990,00 €
=	**Rechnungsbetrag**	**24.990,00 €**

Buchen Sie die Ausgangsrechnung und den Anlagenabgang.

c) Verkauf über dem Restbuchwert

Auszug aus der Ausgangsrechnung über den Verkauf der Maschine:

	Maschine, gebraucht	25.000,00 €
+	19 % USt	4.750,00 €
=	**Rechnungsbetrag**	**29.750,00 €**

Buchen Sie die Ausgangsrechnung und den Anlagenabgang.

d) Verkauf unter dem Restbuchwert

Auszug aus der Ausgangsrechnung über den Verkauf der Maschine:

	Maschine, gebraucht	20.000,00 €
+	19 % USt	3.800,00 €
=	**Rechnungsbetrag**	**23.800,00 €**

Buchen Sie die Ausgangsrechnung und den Anlagenabgang.

e) Wo ergibt sich ein Gewinn oder Verlust, wenn der Verkaufspreis nicht genau dem Restbuchwert entspricht?

Lösungen s. Seite 149

6. Buchungen und Berechnungen bei Personalprozessen

Das Direktentgelt eines Mitarbeiters, das heißt das Bruttogehalt bzw. der Bruttolohn erfasst der Arbeitgeber als Aufwand in der Kontenklasse 6 auf den Konten 6300 Gehälter bzw. 6200 Löhne. Zu diesem Direktentgelt zählen weitere Aufwendungen, wie z. B. vermögenswirksame Leistungen (Anteil des Arbeitgebers), Urlaubsgeld oder Weihnachtsgratifikationen.

Diese Personalaufwendungen erhöhen sich durch weitere Personalzusatzkosten. Hierzu zählen der Arbeitgeberanteil an der Sozialversicherung (Kranken-, Pflege-, Renten- und Arbeitslosenversicherung), die vollständige Übernahme der Kosten für die Unfallversicherung und ein eventueller Beitrag zur betrieblichen Altersvorsorge.

Das Brutto-Direktentgelt eines Mitarbeiters vermindert um den Arbeitnehmeranteil zur Sozialversicherung, die Steuern (Lohn- und Kirchensteuer, Solidaritätszuschlag) und einer eventuellen Sparrate für vermögenswirksame Leistungen ergibt das Nettoentgelt bzw. den Auszahlungsbetrag.

INFO

Versicherungszweig	Beitragssatz in %
Krankenversicherung	14,6 % + 0,9 Zusatzbeitrag[1]
Pflegeversicherung	3,05 % + evtl. 0,25 % Kinderlosenzuschlag für Arbeitnehmer ab dem vollendeten 23. Lebensjahr
Rentenversicherung	18,6 %
Arbeitslosenversicherung	2,5 %

Stand: 2019

Aufgabe 1: Entgeltabrechnung

Sie arbeiten in der Personalbuchhaltung einer Niederlassung der Sport Equipment AG in Köln (Nordrhein Westfalen). Ihnen liegt die folgende unvollständige Entgeltabrechnung (s. Seite 55) des „Controllers" Christoph Althaus vor:

[1] Der kassenindividuelle Zusatzbeitrag wird seit dem 01.01.2019 je zur Hälfte zwischen Arbeitgeber und Arbeitnehmer aufgeteilt. Es wird bei den nachfolgenden Aufgaben ein Zusatzbeitrag von 0,9 % unterstellt.

Sport Equipment AG

Entgeltabrechnung Juli 2019

Name, Vorname:	Christoph Althaus
Geburtsdatum:	04.03.1986
Wohnhaft:	Köln, Domstraße 1 d
Familienstand:	verheiratet / Steuerklasse IV
Kinder:	-
Konfession:	-
Krankenkasse:	Techniker Krankenkasse, Zusatzbeitrag 0,9 %

	Entgelt brutto		2.390,00 €	
+	**Vermögenswirksame Leistung AG**		0,00 €	
	steuerpflichtiges Entgelt			2.390,00 €
	sozialversicherungspflichtiges Entgelt			2.390,00 €
-	**Lohnsteuer**		302,25 €	
-	**Solidaritätszuschlag 5,5 %**		€*	
-	**Kirchensteuer 9 %**		€	
	gesamter Steuerbetrag			€
-	**Krankenversicherung**	(7,75 %)	€	
-	**Pflegeversicherung**	(%)	€	
-	**Rentenversicherung**	(%)	222,27 €	
-	**Arbeitslosenversicherung**	(1,25 %)	29,88 €	
	gesamter AN-Beitrag zur Sozialversicherung			€
-	**Vermögenswirksame Leistung insgesamt**			0,00 €
	Entgelt netto = Auszahlung			€

* Der Solidaritätszuschlag wird offiziell „geschnitten", d. h. die Stellen nach der zweiten Nachkommastelle sind nicht relevant.

Ergänzen und erstellen Sie die Entgeltabrechnung von Herrn Althaus.

Lösung s. Seite 151

Aufgabe 2: Personalzusatzkosten

Welche der folgenden Positionen zählen nicht zu den Personalzusatzkosten der Sport Equipment AG für einen Mitarbeiter der Fertigungsabteilung?

☐ Urlaubsgeld

☐ Weihnachtsgratifikation

☐ Arbeitgeberanteil zu den vermögenswirksamen Leistungen

- ☐ Beiträge zur Berufsgenossenschaft für die betriebliche Unfallversicherung
- ☐ Abgeltungssteuer
- ☐ Arbeitgeberanteil zur Sozialversicherung
- ☐ Fort- und Weiterbildungskosten
- ☐ Körperschaftsteuer
- ☐ Überstundenzuschläge
- ☐ Beiträge zum Arbeitgeberverband
- ☐ Wochenendzulage
- ☐ Schmutzzulage
- ☐ Fertigungsmaterial
- ☐ Kindergeld

Lösungen s. Seite 152

Aufgabe 3: Steuerklassen

Welche der folgenden Arbeitnehmer der Sport Equipment AG sind der Steuerklasse III zuzuordnen?

- ☐ Kaufmännischer Angestellter, Peter Müller, 22 Jahre, ledig, kinderlos, Bruttoentgelt: 2.480,00 €
- ☐ Gewerblicher Mitarbeiter, Paul Brück, 60 Jahre, verwitwet, ein Kind, Bruttoentgelt: 2.600,00 €
- ☐ Gewerblicher Mitarbeiter, Stefan Maier, 25 Jahre, verheiratet, Bruttoentgelt: 2.300,00 €. Seine Frau, Brigitte Maier, ist ebenfalls als kaufmännische Mitarbeiterin im Controlling der Sport Equipment beschäftigt. Ihr Entgelt beträgt 3.900,00 € brutto.
- ☐ Leiter der Forschung- und Entwicklungsabteilung, Franz Schmidt, 58 Jahre, verheiratet, Bruttoentgelt 8.000,00 €. Seine Frau, Christine Schmidt, verdient als Veranstaltungskauffrau der Fit&Fun OHG 2.800,00 € brutto.
- ☐ Kaufmännischer Mitarbeiter, Oliver Kaiser, 29 Jahre, verheiratet, 2 Kinder, Bruttoentgelt 2.900,00 €. Seine Frau ist nicht berufstätig.
- ☐ Pförtner, Sebastian Schwarz, 63 Jahre, verheiratet, 3 Kinder; „Zweitjob“, Bruttoentgelt: 400,00 €
- ☐ Kaufmännischer Mitarbeiter, Mario Hoffmann; 32 Jahre, verheirat, Bruttoentgelt: 2.500,00 €. Seine Ehefrau, Maria Hoffmann, ist derselben Entgeltgruppe zugeordnet und bezieht demnach ebenfalls ein Bruttoentgelt in Höhe von 2.500,00 €.

INFO

Lohnsteuerklasse I: Diese Lohnsteuerklasse gilt grundsätzlich für alleinstehende Arbeitnehmer.

Lohnsteuerklasse II: Diese Lohnsteuerklasse gilt grundsätzlich für alleinerziehende Arbeitnehmer.

Lohnsteuerklasse III: Diese Lohnsteuerklasse gilt nur für verheiratete Arbeitnehmer. Diese Lohnsteuerklasse wird nur bescheinigt, wenn der Ehepartner in der Steuerklasse V eingeordnet wurde oder keinen Arbeitslohn bezieht.

Lohnsteuerklasse IV: Diese Lohnsteuerklasse gilt grundsätzlich für verheiratete Arbeitnehmer, die beide Arbeitsentgelt beziehen.

Lohnsteuerklasse V: Diese Steuerklasse wird dem Arbeitnehmer zugeordnet, dessen Ehegatte die Lohnsteuerklasse III beantragt hat.

Lohnsteuerklasse VI: Diese Steuerklasse gilt bei mehreren Beschäftigungsverhältnissen eines Arbeitnehmers oder wenn keine Lohnsteuerkarte abgegeben wurde.

Lösungen s. Seite 152

Aufgabe 4: Beitragsbemessungsgrenzen

Bei der Berechnung der Beiträge zur Sozialversicherung müssen unter Umständen Beitragsbemessungsgrenzen berücksichtigt werden.

Erläutern Sie kurz diesen Sachverhalt. Recherchieren Sie im Internet und nennen Sie die aktuellen Höchstgrenzen in Euro.

Lösungen s. Seite 153

Aufgabe 5: Entgeltabrechnung unter Berücksichtigung der Beitragsbemessungsgrenzen

In der Personalbuchhaltung der Sport Equipment AG werden für den Mitarbeiter Georg Schwarzenbeck folgende Daten geführt:

Dipl.-Ing. Schwarzenbeck, Georg; 51 Jahre; Mitarbeiter der Forschungs- und Entwicklungsabteilung; verheiratet; 2 Kinder.

Entgeltgruppe: AT
Steuerklasse: III/2,0
Konfession: RK
Lohnsteuer: 681,33 €
SolZ: 19,62 €
KiSt: 28,54 €

Bruttoentgelt: 4.900,00 €
Techniker Krankenkasse: 14,6 % + 0,9 % Zusatzbeitrag
Wohnort: Fürth-Vach (Bayern)

Wie hoch ist der Beitrag zur Sozialversicherung, den Herr Schwarzenbeck monatlich an die Techniker Krankenkasse abzuführen hat?

Lösungen s. Seite 153

Aufgabe 6: Personalbuchungen einschließlich vermögenswirksamer Leistungen

Sie sind kaufmännischer Mitarbeiter in der Personalabteilung der Sport Equipment AG am Standort Stuttgart. Für den am 01.08. dieses Jahres neu eingestellten Mitarbeiter Rüdiger Abramschick liegen Ihnen für die Entgeltbuchungen die folgenden Daten vor:

Geburtsdatum	04.03.1972
Bruttoentgelt	2.380,00 € verheiratet mit Frau Mandy Abramschick (ebenfalls berufstätig; ihr Bruttoentgelt beträgt 2.370,00 €)
wohnhaft	Schwäbisch Hall (Baden-Württemberg)
Konfession	RK
Kinderfreibeträge	2,0
vermögenswirksame Leistung (VL) Arbeitgeber	20,00 €
Sparrate vermögenswirksame Leistungen insgesamt	40,00 €
Anlageform der VL	Aktienfond bei der Union Investment
Schwaben Krankenkasse	14,6 % + 0,9 %

Auszug aus der Monats-Lohnsteuertabelle 2019 in €:

Bruttoentgelt bis	StKl	Lohnsteuer	SolZ mit 2,0	8 % KiSt mit 2,0
2.402,99	I	284,66	0,00	0,00
	II	240,50	0,00	0,00
	III	74,00	0,00	0,00
	IV	284,66	6,70	9,74
	V	547,00		
	VI	580,83		

a) Welche Steuerklassenkombinationen kann das Ehepaar Abramschick grundsätzlich wählen?

b) Wie ist am drittletzten Bankarbeitstag im August dieses Jahres zu buchen?

c) Buchen Sie die Entgeltauszahlung von Herrn Abramschick zum 31.08. über unser Konto bei Süddeutschen Kreditbank AG. Herr Abramschick ist in der Steuerklasse III/2,0.

d) Welche Buchung ist spätestens am 10.09. des Jahres notwendig?

e) Buchen Sie die Abführung der Sparrate für die vermögenswirksamen Leistungen an die Union Investment.

Lösungen s. Seite 154

Aufgabe 7: Personalbuchungen einschließlich Gehaltsvorschuss

Der Angestellte Peter Schneider, 37 Jahre, Steuerklasse I, RK, kinderlos, wohnhaft in Nürnberg, erhält am 15.09.20.. von der Sport Equipment AG einen Vorschuss in Höhe von 1.500,00 €, der bei den nächsten fünf Entgeltauszahlungen jeweils mit 300,00 € verrechnet wird. Zudem sind die folgenden Daten bekannt: Bruttoentgelt: 2.950,00 €; Lohnsteuer: 446,16 €; AOK Bayern: 14,6 % + 0,9 %, Kirchensteuer: 8 %.

Hinweis: Die Überweisung des Entgelts wird gemäß Betriebsvereinbarung am letzten Bankarbeitstag vorgenommen. Die Beiträge zur Sozialversicherung werden am drittletzten Bankarbeitstag des jeweiligen Abrechnungsmonats von der Krankenversicherung per Bankeinzug vereinnahmt. Sämtliche Zahlungsvorgänge laufen über das Konto bei der Norddeutschen Kreditbank AG.

Nehmen Sie als Mitarbeiter der Personalbteilung der Sport Equipment AG, unter Angabe des Datums, alle notwenigen Buchungen für die Monate September und Oktober vor.

September 20..					
Kalenderwoche	36	37	38	39	40
Montag	1	8	15	22	29
Dienstag	2	9	16	23	30
Mittwoch	3	10	17	24	
Donnerstag	4	11	18	25	
Freitag	5	12	19	26	
Samstag	6	13	20	27	
Sonntag	7	14	21	28	

Monat Oktober 20..					
Kalenderwoche	40	41	42	43	44
Montag		6	13	20	27
Dienstag		7	14	21	28
Mittwoch	1	8	15	22	29
Donnerstag	2	9	16	23	30
Freitag	3	10	17	24	31
Samstag	4	11	18	25	
Sonntag	5	12	19	26	

Lösungen s. Seite 156

Aufgabe 8: Entgeltabrechnung unter Berücksichtigung von Steuerfreibeträgen

Ihnen liegen als Mitarbeiter der Sport Equipment AG für den kaufmännischen Angestellten Max Morlock, 53 Jahre, folgende Angaben vor:

wohnhaft	Großweidenmühlstraße 32, 90419 Nürnberg
Bruttoentgelt	3.770,00 €
AG-Anteil VL	16,00 €
VL-Sparrate	20,00 €
Konfession	RK
Steuerklasse	III/1,0
Krankenkasse	AOK Bayern 14,6 % + 1,1 %
Steuerfreibetrag (Werbungskosten)	500,00 €

Auszug aus der Lohnsteuertabelle:

Lohn/ Gehalt bis	Steuer-klasse	Lohnsteuer	ohne Kinderfreibeträge			mit 0,5 Kinderfreibetrag			mit 1,0 Kinderfreibetrag		
			SolZ 5,5 %	KiSt 8 %	KiSt 9 %	SolZ 5,5 %	KiSt 8 %	KiSt 9 %	SolZ 5,5 %	KiSt 8 %	KiSt 9 %
3.287,99 €	I	538,50	29,61	43,08	48,46	24,47	35,60	40,05	19,58	28,49	32,05
	II	503,08	27,66	40,24	45,27	22,62	32,90	37,01	17,83	25,94	29,18
	III	282,33	15,52	22,58	25,40	9,50	16,76	18,85	0,00	11,16	12,55
	IV	538,50	29,61	43,08	48,46	27,01	39,29	44,20	24,47	35,60	40,05
	V	881,83	48,50	70,54	79,36						
	VI	918,08	50,49	73,44	82,62						
3.788,99 €	I	684,58	37,65	54,76	61,61	32,13	46,74	52,58	26,86	39,08	43,96
	II	646,58	35,56	51,72	58,19	30,13	43,83	49,31	24,97	36,32	40,86
	III	393,66	21,65	31,49	35,42	17,46	25,40	28,57	13,40	19,49	21,92
	IV	684,58	37,65	54,76	61,61	34,86	50,70	57,04	32,13	46,74	52,58
	V	1.062,33	58,42	84,98	95,60						
	VI	1.098,58	60,42	87,88	98,87						

Wie hoch sind die monatlichen Steuerabzüge und Sozialversicherungsbeiträge von Herrn Morlock?

Lösung s. Seite 157

7. Finanzierung

INFO

Die Finanzierung befasst sich mit der Versorgung des Unternehmens mit notwendigem Kapital.

Aufgabe 1: Finanzierungsregeln

Welche der folgenden Aussagen sind richtig?

- ☐ Die Fristenkongruenz fordert, dass die Zeitdauer der Kapitalbindung der Fristigkeit des Kapitals entsprechen muss.
- ☐ Langfristiges Vermögen, z. B. Maschinen, darf auch mit kurzfristigen Darlehen finanziert werden.
- ☐ Kurzfristiges Vermögen, z. B. Vorräte, kann bis zu 100 % mit kurzfristigen Darlehen finanziert werden.
- ☐ Die „Goldene Finanzierungsregel" fordert, dass kurzfristige Schulden zu 100 % durch flüssige Mittel und durch kurzfristig liquidierbares Vermögen, z. B. Forderungen aus Lieferungen und Leistungen, gedeckt sind.
- ☐ Risikoreiche Investitionen können jederzeit durch Fremdkapital finanziert werden.

Lösungen s. Seite 158

Aufgabe 2: Finanzierungsarten

a) Beschreiben Sie kurz folgende Begriffe:

- Außenfinanzierung
- Innenfinanzierung
- Eigenfinanzierung
- Fremdfinanzierung
- Beteiligungsfinanzierung
- Selbstfinanzierung.

b) Beschreiben Sie kurz die Finanzierung aus freigesetztem Kapital.

c) Der Vorstand der Sport Equipment AG plant eine Kapitalerhöhung durch Einlagen. Welche der folgenden Aussagen sind richtig?

- ☐ Diese Kapitalerhöhung erfolgt durch die Ausgabe neuer Aktien, die auch als „junge" Aktien bezeichnet werden.
- ☐ Die Erhöhung erfolgt durch Privateinlagen der Vorstandsmitglieder.

- ☐ Durch diese Kapitalerhöhung verändert sich das Grundkapital (gezeichnetes Kapital).
- ☐ Die Verbindlichkeiten der AG nehmen dadurch zu.
- ☐ Die sog. Altaktionäre haben ein Bezugsrecht auf diese neuen Aktien.
- ☐ Den Beschluss über diese Kapitalerhöhung kann der Vorstand alleine vornehmen.
- ☐ Zum Beschluss der Kapitalerhöhung ist die ¾-Mehrheit der anwesenden Stimmen bei der Hauptversammlung notwendig.
- ☐ Wenn der Ausgabepreis einer Aktie höher als der Nennwert oder ist, dann fließen der AG zusätzliche Mittel zu, die in die Kapitalrücklage eingebucht werden.
- ☐ Es handelt sich um eine Art der Beteiligungsfinanzierung als Innenfinanzierung.

Lösungen s. Seite 158

Aufgabe 3: Kreditarten (Darlehensarten) und Sicherheiten

ACHTUNG

Kredit und Darlehen sind unterschiedliche Bezeichnungen für denselben Vorgang.

Ein Unternehmer beantragt bei einem Kreditinstitut einen bestimmten Betrag, den er zur Finanzierung von Anlage- oder Umlaufvermögen benötigt. Das Kreditinstitut verlangt dafür bestimmte Sicherheiten, die der Unternehmer bereitstellen muss. Kredit oder Darlehen und Sicherheiten gehören also zusammen, sind aber völlig unterschiedliche Begriffe.

---

a) Welche Sicherungen eignen sich für ein Darlehen zur teilweisen Finanzierung einer Maschine?

- ☐ Hypothek oder Grundschuld
- ☐ Verpfändung
- ☐ Forderungsabtretung
- ☐ Sicherungsübereignung

b) Beschreiben Sie kurz, warum sich die Sicherungsübereignung besonders gut für die Sicherung von Darlehen für Investitionsgüter eignet.

c) Welche Aussagen zu der Bürgschaft sind richtig?

- ☐ Sie kommt erst durch einen Vertrag zwischen Kreditnehmer und Kreditgeber zustande.
- ☐ Handelt es sich bei dem Bürgen um einen Kaufmann, kann der Bürgschaftsvertrag auch mündlich geschlossen werden.
- ☐ Bei der Selbstschuldnerischen Bürgschaft kann der Bürge das Recht der Einrede der Vorausklage geltend machen.

- ☐ „Einrede der Vorausklage“ bedeutet, der Bürge kann erst die Zwangsvollstreckung des Hauptschuldners fordern.

d) Worin besteht für einen Lieferanten die Sicherheit bei einem Eigentumsvorbehalt?

e) Welche Aussagen zu Grundpfandrechten sind richtig?

- ☐ Eine Grundschuld ist eine abstrakte (nicht akzessorische) Art der Sicherung.
- ☐ Hypotheken und Grundschulden sind völlig identisch, sie unterscheiden sich nur durch ihren Begriff.
- ☐ Grundpfandrechte werden in das Grundbuch des Kreditnehmers eingetragen.
- ☐ Eine Grundschuld kann nach Tilgung des Darlehens ohne weiteres für ein Folgedarlehen verwendet werden, sofern sie nicht im Grundbuch gelöscht wurde.
- ☐ Eine Hypothek besteht immer nur genau in der Höhe, in der eine Forderung besteht.
- ☐ Über jedes Grundpfandrecht muss grundsätzlich ein Brief ausgestellt werden.
- ☐ Hypotheken und Grundschulden können nur von Kreditinstituten als Sicherheit gefordert werden.
- ☐ Die Hypothek und die Grundschuld sind im Bürgerlichen Gesetzbuch (BGB) geregelt.

Lösungen s. Seite 160

Aufgabe 4: Buchung der Aufnahme und Tilgung eines Darlehens

Die Sport Equipment AG hat zur teilweisen Finanzierung eines Gebäudes ein langfristiges Darlehen über 500.000,00 € bei der Norddeutschen Kreditbank AG aufgenommen. Der Zinssatz beträgt 3 % p.a., die anfängliche Tilgung beträgt 6 % p.a. Bei dem Darlehen handelt es sich um Annuitätendarlehen.

a) Erklären Sie kurz die Besonderheit eines Annuitätendarlehens.

b) Buchen Sie Bereitstellung des Darlehens durch die Bank auf dem Konto des Kreditnehmers.

c) Berechnen Sie die Annuität für das erste Monat der Laufzeit.

d) Buchen Sie die Zinsen und die Tilgung von Teilaufgabe c).

Lösungen s. Seite 161

ACHTUNG

Beachten Sie, dass die Zinszahlung einen Aufwand darstellt, die Tilgung jedoch die Verbindlichkeiten gegenüber der Bank verringert. Buchen Sie daher die Tilgung nie auf ein Aufwandskonto.

Aufgabe 5: Leasing

a) Die Sport Equipment AG hat sich bei der Anschaffung von Kleintransportern für ein Leasing bei der Euro Leasing GmbH entschieden. Geben Sie kurz an, was man unter Leasing versteht.

b) Welche Aussagen zu Leasing sind richtig?

- ☐ Der Leasinggegenstand, hier Fahrzeuge, erscheint nicht in der Bilanz der Sport Equipment AG.
- ☐ Die Sport Equipment AG bezahlt an die Euro Leasing GmbH Leasinggebühren, die sie als Aufwand verbucht.
- ☐ Die Leasinggebühren werden in der Kostenrechnung abgegrenzt, da sie betriebsfremd sind.
- ☐ Die Fahrzeuge werden mit dem gültigen AfA-Satz bei der Sport Equipment abgeschrieben.
- ☐ Nach Ablauf des Leasingvertrages gibt die Sport Equipment AG die Fahrzeuge an die Euro Leasing GmbH zurück.
- ☐ Leasing „schont" die Liquidität, da die Anschaffungskosten für die Fahrzeuge entfallen.

Lösungen s. Seite 162

Aufgabe 6: Factoring

a) Die Sport Equipment AG arbeitet mit einem Factor, der Rheinland Factoring GmbH, zusammen. Geben Sie kurz an, was man unter Factoring versteht.

b) Welche Aussagen zu Factoring sind richtig?

- ☐ Der Factor kauft jede Forderung an, unabhängig von der Bonität des Schuldners.
- ☐ Factoring schafft Liquidität, da die Sport Equipment AG die Rechnungssumme abzüglich Gebühren kurz nach Rechnungsstellung erhält und nicht auf die Zahlung des Kunden warten muss.
- ☐ Der Factor bevorschusst die Forderung grundsätzlich zu 100 %.
- ☐ Factoring kann günstiger als ein kurzfristiger Kredit bei der Bank sein.
- ☐ Beim offenen Factoring wird die Rheinland Factoring GmbH neuer Gläubiger der Forderungen, der Schuldner überweist direkt an den Factor.
- ☐ Stilles Factoring ist für den Schuldner nicht erkennbar, da er nach wie vor an die Sport Equipment AG überweisen würde, die dann den Betrag an die Rheinland Factoring GmbH weiterleitet.
- ☐ Die Rheinland Factoring GmbH übernimmt auch das Ausfallrisiko der Forderung, was man als Delkredere bezeichnet. Dafür berechnet sie eine prozentuale Provision vom Forderungsbetrag.

- ☐ Factoringgesellschaften können auch die Durchführung der Debitorenbuchhaltung als Servicefunktion anbieten. Dazu gehören das Mahnwesen, die Fakturierung, die Kreditüberwachung und das Inkasso der Forderungen.
- ☐ Wenn eine bestehende Forderung an einen Factor verkauft wird, erfolgt in der Bilanz ein Passivtausch, die Forderungen nehmen ab, die Liquidität (Guthaben bei Kreditinstituten) nimmt zu.
- ☐ Factoring wirkt sich in der Bilanz nicht aus, da die Forderung bestehen bleibt, auch wenn sie an den Factor verkauft wurde.

Lösungen s. Seite 162

8. Bewertung von Bilanzpositionen und Buchungen beim Jahresabschluss

Am Bilanzstichtag – im Regelfall am 31.12. – müssen das Vermögen, die Schulden und das Eigenkapital bewertet werden. Die dazu notwendigen Bewertungsvorschriften und Buchungen werden Sie in diesem Kapitel kennenlernen.

INFO

Die Erfassung von Wertminderungen (Abschreibungen) des Vermögens wurden bereits in Kapital 5 erläutert. Grundsätzlich müssen Vermögensgegenstände immer nach dem *Niederstwertprinzip* erfasst werden. Schulden dagegen werden nach dem *Höchstwertprinzip* bewertet.

Eine Aktiengesellschaft kann ihre erzielten Gewinne entweder in Form von Dividende an die Aktionäre ausschütten oder im Unternehmen belassen. Nicht ausschüttete Gewinne werden in der Position Rücklagen erfasst und erhöhen das Eigenkapital des Unternehmens.

Ein Unternehmen muss am Bilanzstichtag auch Aufwendungen erfassen, deren Grund zwar bekannt ist, nicht aber ihre Höhe und/oder Fälligkeit. Für diese Aufwendungen sind die Beträge nach vernünftiger kaufmännischer Vorsicht zu schätzen und jeweils als *Rückstellung* zu passivieren.

Will man den Jahreserfolg periodengerecht ermitteln, ist es erforderlich, Aufwendungen und Erträge dem Geschäftsjahr zuzuordnen, zu dem sie wirtschaftlich gehören und zwar unabhängig vom Zeitpunkt ihrer Ausgabe bzw. Einnahme. Diese sogenannten zeitlichen Abgrenzungen werden auf den Konten 2690 Sonstige Forderungen, 4890 Sonstige Verbindlichkeiten, 2900 Aktive Rechnungsabgrenzung oder 4900 Passive Rechnungsabgrenzung gebucht.

Aufgabe 1: Aktive Rechnungsabgrenzungen

Sie sind kaufmännischer Mitarbeiter der Sport Equipment AG. Am 30.09.2020 zahlen wir vertragsgemäß die Prämie für die Betriebsgebäudeversicherung an die Hamelner Versicherungsgesellschaft für ein Jahr im Voraus. Der Betrag in Höhe von 2.940,00 € wird per Einzugsermächtigung von unserem Konto bei der Norddeutschen Kreditbank AG beglichen.

Nehmen Sie alle erforderlichen Buchungen zum 30.09.2020, 31.12.2020 sowie zum 01.01.2021 vor.

Lösungen s. Seite 164

Aufgabe 2: Passive Rechnungsabgrenzungen

Zurzeit nicht benötigte Büroflächen im Verwaltungsgebäude der Sport Equipment AG werden an die Personalagentur „Mutz & Mutz“ vermietet. Am 01.12.2020 erhält die Sport Equipment AG gemäß Mietvertrag die Miete für ein Quartal (Dezember 2020 bis Februar 2021) in Höhe von 7.200,00 € im Voraus. Der Zahlungseingang erfolgt auf unser Konto bei der Süddeutschen Kreditbank AG.

Buchen Sie zum 01.12.2020, 31.12.2020 sowie zum 01.01.2021.

Lösungen s. Seite 165

Aufgabe 3: Sonstige Forderungen

Die Sport Equipment AG hat einem langjährigen Geschäftspartner ein Darlehen in Höhe von 500.000,00 € zur Verfügung gestellt. Der Zinssatz beträgt vereinbarungsgemäß 6,20 %. Die Zinsen werden nachträglich halbjährlich jeweils am 31.03. und am 30.09. über unser Konto bei der Süddeutschen Kreditbank AG beglichen. Die Restschuld des Darlehens beläuft sich am 30.09. diesen Geschäftsjahres auf 340.000,00 €.

Wie ist unter Anwendung der 30/360-Zinsmethode (deutsche Standardzinsmethode) zum 31.12.2020, 01.01.2021 und zum 31.03.2021 zu buchen?

Lösungen s. Seite 166

Aufgabe 4: Sonstige Verbindlichkeiten

Die Sport Equipment AG zahlt Lizenzgebühren vertragsgemäß jeweils für das abgelaufene Quartal nachträglich zum 28./29.02., 31.05., 31.08. sowie zum 30.11. Der Betrag für drei Monate in Höhe von 7.140,00 € inklusive Umsatzsteuer wird über unser Konto bei der Süddeutschen Kreditbank AG beglichen.

Hinweis: Die Rechnung liegt am 31.12.2020 bereits vor. Nehmen Sie alle notwendigen Buchungen zum 31.12.2020, 01.01.2021 sowie zum 28.02.2021 vor.

Lösungen s. Seite 167

Aufgabe 5: Rückstellungen I

Sie arbeiten im Rechnungswesen der Sport Equipment AG. Für einen anhängigen Prozess sind nach Auskunft der Rechtsabteilung Anwaltskosten in Höhe von ca. 20.000,00 € netto zu erwarten. Nach dem Stand des Verfahrens am 31.12.2020 ist mit einem Vergleich zu rechnen, der mit 30 % zu unseren Lasten ausgehen dürfte.

Die Sport Equipment AG und der Prozessgegner akzeptieren am 15.03.2021, den vom Landgericht Nürnberg-Fürth vorgeschlagenen Vergleich, der uns verpflichtet, von den tatsächlich angefallenen Anwaltskosten in Höhe von 21.420,00 € inklusive 19 % Umsatzsteuer folgende Anteile zu übernehmen:

a) 33 ⅓ %

b) 25 %

c) 40 %

Führen Sie alle notwendigen Buchungen durch.

Lösungen s. Seite 168

Aufgabe 6: Rückstellungen II

Die für 2020 geplante Dachreparatur am Verwaltungsgebäude der Sport Equipment AG wird erst Ende Februar 2021 nachgeholt. Der Kostenvoranschlag der Dachdeckerei „Strasser & Sohn" lautet auf 69.972,00 €. Beim Jahresabschluss am 31.12.2020 wurde eine entsprechende Rückstellung gebildet.

Beantworten Sie als kaufmännischer Mitarbeiter der Sport Equipment AG die folgenden Fragen.

a) Ist die Bildung der Rückstellung gemäß § 249 HGB berechtigt? Begründen Sie Ihre Entscheidung.

RECHTSGRUNDLAGEN

§ 249 HGB

(1) Rückstellungen sind für ungewisse Verbindlichkeiten und für drohende Verluste aus schwebenden Geschäften zu bilden. Ferner sind Rückstellungen zu bilden für

1. im Geschäftsjahr unterlassene Aufwendungen für Instandhaltung, die im folgenden Geschäftsjahr innerhalb von drei Monaten, oder für Abraumbeseitigung, die im folgenden Geschäftsjahr nachgeholt werden,
2. Gewährleistungen, die ohne rechtliche Verpflichtung erbracht werden.

(2) Für andere als die in Absatz 1 bezeichneten Zwecke dürfen Rückstellungen nicht gebildet werden. Rückstellungen dürfen nur aufgelöst werden, soweit der Grund hierfür entfallen ist.

b) Nehmen Sie alle Buchungen zum 31.12.2020 vor.

c) Wie ist am 01.01.2021 zu buchen?

d) Am 04.03.2021 überweisen wir über unser Konto bei der Südbank eG für die durchgeführten Arbeiten an die Dachdeckerei „Strasser & Sohn" 71.400,00 € brutto.

e) Wie wäre am 04.03.2021 zu buchen, wenn uns die Dachdeckerei „Strasser & Sohn" nur einen Betrag in Höhe von 56.000,00 € netto in Rechnung gestellt hätte?

f) Beschreiben Sie ausführlich die Auswirkungen des Geschäftsfalles aus der Teilaufgabe e) in der Zeitspanne zwischen dem 31.12.2020 und dem 04.03.2021 auf die Bilanz der Sport Equipment AG.

Lösungen s. Seite 170

Aufgabe 7: Stille Reserven (Rücklagen)

INFO

Stille Reserven (stille Rücklagen) sind im Gegensatz zu den offen Rücklagen (z. B. 3210 Gesetzliche Gewinnrücklagen) aus der Bilanz der Sport Equipment AG nicht ersichtlich. Sie entstehen durch die Unterbewertung der Aktivseite (z. B. überhöhte Abschreibungen auf das Anlagevermögen) oder durch die Überwertung der Passivseite (z. B. überhöhte Bildung von Rückstellungen).

Bei welchen der folgenden Aussagen kommt es zum Aufbau von stillen Reserven in der Bilanz der Sport Equipment AG?

- ☐ Ein Pkw wird linear über acht Jahre abgeschrieben. Die Anschaffungskosten betragen 36.000,00 €. Der Verkaufswert des Pkw beträgt am Ende des dritten Nutzungsjahres 20.000,00 €.
- ☐ Die Sport Equipment AG bildet für zu erwartete Gewährleistungsansprüche am 31.12.2020 eine Rückstellung in Höhe von 100.000,00 €. Im Jahr 2021 müssen Gewährleistungszahlungen in Höhe von 120.000,00 € geleistet werden.
- ☐ Die Sport Equipment AG erfasst alle Bürostühle gemäß der 800,00 €-Regel als Geringwertiges Wirtschaftsgut und schreibt diese entsprechend am Ende des ersten Nutzungsjahres voll ab. Da die Bürostühle weiterhin genutzt werden, stehen sie am Ende des zweiten Nutzungsjahres mit einem Erinnerungswert von 1,00 € in der Bilanz.
- ☐ Die Sport Equipment AG stellt einen Teil des Jahresüberschuss in die Position 3230 Satzungsmäßige Gewinnrücklagen ein.
- ☐ Ein Grundstück, das von der Sport Equipment AG als Parkplatz genutzt wird steht unter der Position 0500 Unbebaute Grundstücke mit 500.000,00 € in der Bilanz. Ein Immobilienmakler hat den aktuellen Marktwert des Grundstücks kürzlich mit 1.200.000,00 € veranschlagt.

Lösungen s. Seite 172

Aufgabe 8: Zeitliche Abgrenzungen und Rückstellungen

Kreuzen Sie an, welche Art der Jahresabgrenzung Sie als Mitarbeiter der Sport Equipment AG bei den nachfolgenden Geschäftsfällen am 31.12.2020 (Bilanzstichtag) vorzunehmen haben.

- ARA = Aktive Rechnungsabgrenzungsposten
- PRA = Passive Rechnungsabgrenzungsposten
- SoFo = Sonstige Forderungen
- SoVe = Sonstige Verbindlichkeiten
- RST = Rückstellungen

Geschäftsfall	ARA	PRA	SoFo	SoVe	RST
1. Die Sport Equipment AG vermietet eine nicht mehr benötigte Lagerhalle an ein Speditionsunternehmen. Der Mieter überweist die Miete für Januar 2021 bereits im Dezember 2020.					
2. Die Kfz-Steuer wurde am 01.10.2020 für ein Jahr im Voraus bezahlt.					
3. Die Gewerbesteuernachforderung des Finanzamtes Erlangen wird für das abgelaufene Geschäftsjahr am 31.12.2020 auf voraussichtlich 5.000,00 € geschätzt.					
4. Für ein von uns gewährtes Darlehen an einen Lieferanten erhält die Sport Equipment AG die Zinsen für ein Quartal (01.11. - 01.02.) in Höhe von 3.500,00 € am 01.02.2020.					
5. Infolge unvorhergesehener Preissteigerungen auf dem Rohstoffmarkt wird ein zu variablen Preisen vereinbarter Liefervertrag zu erheblichen Verlusten führen.					
6. Die Sport Equipment AG überweist die Leasingraten für Außendienstfahrzeuge für das letzte Quartal 2019 am 19.01.2020.					
7. Ein Handelvertreter der Sport Equipment AG erhält seine Dezember-Provision erst am 10.01. des neues Geschäftsjahres überwiesen					
8. Die jährliche Prämie für die Gebäudeversicherung der Fertigungsstätten wurde am 15.08.2020 per Lastschrift eingezogen.					

Geschäftsfall	ARA	PRA	SoFo	SoVe	RST
9. Die Sport Equipment AG erhält die Halbjahreszinsen aus einer Termineinlage nachträglich am 02.02.2020 von der Süddeutschen Kreditbank AG gutgeschrieben.					
10. Die Kosten für die Prüfung des Jahresabschlusses der Sport Equipment AG im April 2020 werden von einem Wirtschaftsprüfer am 31.12.2019 auf 25.000,00 € geschätzt.					

Lösungen s. Seite 172

Aufgabe 9: Bewertung von Vermögen

INFO

Gemäß § 253, Absatz 3 sind Gegenstände des Anlagevermögens planmäßig abzuschreiben (z. B. Maschinen). Bei voraussichtlich dauerhafter Wertminderung (z. B. Überspannungsschaden an einer Maschine) sind auch außerplanmäßige Abschreibungen vorzunehmen, um die Anlagegegenstände mit dem niedrigeren Wert in der Bilanz auszuweisen.

Finanzanlagen (z. B. Wertpapiere des Anlagevermögens) können auch bei vorübergehenden Wertminderungen (z. B. Kursschwankungen von Wertpapieren) außerplanmäßig abgeschrieben werden.

Abschreibungen von Vermögensgegenständen des Umlaufvermögens (z. B. Vorräte) sind ebenfalls auf den niedrigeren Wert vorzunehmen, der sich aus dem Börsen- oder Marktpreis am Bilanzstichtag ergibt.

Nach HGB gilt grundsätzlich das strenge Niederstwertprinzip, d. h. von zwei möglichen Wertansätzen eines Vermögensgegenstandes muss immer der niedrigere Wert angesetzt werden. Dieses Prinzip der Vorsicht soll die Gläubiger schützen und dient der Kapitalerhaltung der Unternehmen.

Das strenge Niederstwertprinzip gilt nicht zwingend für Forderungen in Fremdwährung mit einer Laufzeit von unter einem Jahr (§ 256 a HGB).

Sie arbeiten als Bilanzbuchhalter in der Sport Equipment AG. Sie müssen unter anderem den Wertansatz für verschiedene Positionen des Anlage- und Umlaufvermögens am Bilanzstichtag (31.12.2020) bestimmen. Welche der nachfolgenden Aussagen sind in diesem Zusammenhang falsch, wenn Sie die Bestimmungen des HGB berücksichtigen?

☐ Sie erfassen ein Außendienstfahrzeug unter der Position 0840 Fuhrpark zum jeweiligen Rechbuchwert.

- ☐ Sie erfassen ein Außendienstfahrzeug unter der Position 0840 Fuhrpark in Höhe der sogenannten fortgeführten Anschaffungskosten.
- ☐ Für Wertpapiere des Anlagevermögens (Finanzanlagen) gilt bei nur vorübergehender Wertminderung zum 31.12.2020 ein Abschreibungswahlrecht.
- ☐ Ein Bürostuhl zum Preis von brutto 296,90 € wird auf dem Konto 0890 Abschreibungspool 2020 gebucht und linear über fünf Jahre abgeschrieben.
- ☐ Ein Betriebsgrundstück der Sport Equipment AG steht mit einem Restbuchwert von 800.000,00 € zum 31.12.2020 in der Bilanz. Der Marktpreis des Grundstücks wird gemäß Sachverständigengutachten auf 1,2 Mio. € geschätzt. Dieser Bewertungsansatz führt zum Aufbau von „stillen Reserven" in Höhe von 800.000,00 €.
- ☐ Gegen unseren Kunden „Schmidt GmbH" wurde am 03.12.2020 das Insolvenzverfahren eröffnet. Unsere Forderungen gegenüber der Schmidt GmbH belaufen sich auf insgesamt 33.333,00 € netto. Am 03.12.2020 buchen Sie wie folgt:

Konto-Nr.	Kontobezeichnung	SOLL in €	HABEN in €
2470	Zweifelhafte Forderungen	39.666,27	
2400	Forderungen a. LL		39.666,27

- ☐ Für gleichartige Vorräte lässt der Gesetzgeber gemäß HGB bestimmte Sammelbewertungsverfahren zu.
- ☐ Für Vermögensgegenstände des Anlagevermögens gilt grundsätzlich das sogenannte Höchstwertprinzip.
- ☐ Die Sport Equipment AG hat durch die eigene IT-Abteilung eine neue Software entwickeln lassen, die in der Fertigungssteuerung eingesetzt wird. Die Entwicklungskosten in Höhe von 50.000,00 € werden unter der Position 0200 Immaterielle Vermögensgegenstände aktiviert.
- ☐ Für Vermögensgegenstände des Anlagevermögens gilt grundsätzlich das sogenannte strenge Niederstwertprinzip.
- ☐ Die Sport Equipment stattet die Rechnungswesenabteilung mit neuen Regalwänden aus, die sie selbst hergestellt hat. Der Wertansatz erfolgt zu den Herstellungskosten.
- ☐ Die Sport Equipment AG nimmt zur Finanzierung eines neuen Grundstücks bei der Eurobank AG ein langfristiges Darlehen auf. Die monatlich zu zahlenden Darlehenszinsen zählen zu den Anschaffungsnebenkosten und werden am 31.12.2020 auf dem Konto 0500 Unbebaute Grundstücke aktiviert.

Lösungen s. Seite 173

Aufgabe 10: Ermittlung der Anschaffungskosten und Buchung der Abschreibungen

Die Sport Equipment AG bestellt am 25.04.2020 einen Kleintransporter für netto 27.000,00 €, Sonderlackierung mit Werbeaufdruck 2.100,00 € netto, Kosten für Überführung 420,00 € netto, Zulassungskosten 65,00 € netto, Anhängerkupplung durch den Händler montiert 1.900,00 € netto.

Sämtliche Positionen, außer der Zulassung, sind mit vollem Steuersatz umsatzsteuerpflichtig. Die Rechnung für die Anhängerkupplung wird unter Abzug von 2 % Skonto bezahlt. Das Fahrzeug wird am 02.07.2020 an die Sport Equipment AG übergeben.

Die betriebsgewöhnliche Nutzungsdauer beträgt sechs Jahre. Die Abschreibung erfolgt nach den geltenden Vorschriften ohne Ausnahmeregelung. Unterstellen Sie die lineare Abschreibungsmethode.

a) Ermitteln Sie Anschaffungskosten und erläutern Sie kurz Ihre Entscheidung.

b) Stellen Sie einen Abschreibungsplan auf und erläutern Sie kurz Ihre Entscheidung.

c) Buchen Sie die Abschreibung am 31.12.2020 nach der direkten Methode.

Lösungen s. Seite 174

Aufgabe 11: Bewertung von Forderungen I

Am 15.10.2020 wird das Insolvenzverfahren gegen unseren Kunden „Sportcenter 2000“ eröffnet. Am 06.12.2020 wird das Verfahren mangels Masse abgelehnt. Unsere Forderung beträgt 22.800,00 € netto.

Buchen Sie am 15.10.2020 sowie am 06.12.2020.

Lösungen s. Seite 175

Aufgabe 12: Bewertung von Forderungen II

Unser Kunde, die Sportarena OHG, hat am 02.12.2019 das Insolvenzverfahren beantragt. Unsere Forderung beträgt 43.780,00 € netto. Zum 31.12.2019 rechnen wir mit einer Ausfallquote in Höhe von 80 %. Nach Abschluss des Verfahrens überweist uns der Insolvenzverwalter am 18.05.2020 einen Betrag in Höhe von 13.024,55 € auf unser Konto.

Buchen Sie am 02.12.2019, 31.12.2019 und am 18.05.2020.

Lösungen s. Seite 176

Aufgabe 13: Bewertung von Vorräten I

INFO

Wie für alle Vermögensteile gilt auch bei der Bewertung von Vorräten an Werkstoffen, Fremdbauteilen, eigenen Erzeugnissen und Handelswaren der Grundsatz der Einzelbewertung. Da diese Einzelbewertung in der Praxis oftmals nicht möglich ist, erlaubt der Gesetzgeber bei gleichartigen Vorräten eine Sammel- bzw. Gruppenbewertung von Vorräten.

Im Rahmen des Bilanzmodernisierungsgesetzes in Verbindung mit § 256 HGB sind als Verbrauchsfolgeverfahren handelsrechtlich neben den Durchschnittsbewertungsverfahren nur noch die *Fifo-Methode* und die *Lifo-Methode* erlaubt.

Grenzen Sie diese beiden Methoden kurz voneinander ab.

Lösung s. Seite 176

Aufgabe 14: Bewertung von Vorräten II

Die Sport Equipment AG in Erlangen hat im Laufe des Geschäftsjahres Griffe für Teleskopstöcke beschafft. Ihnen liegen folgende Daten vor:

AB/Zugang	Datum	Menge/Stück	AK in € je Stück	Gesamtwert in €
AB	01.01.	300	4,74	1.422,00
Zugang	19.01.	200	5,35	1.070,00
Zugang	04.03.	400	5,15	2.060,00
Zugang	15.06.	500	4,80	2.400,00
Zugang	15.08.	350	5,50	1.925,00
Zugang	20.09.	666	5,55	3.696,30
Zugang	15.10.	950	5,37	5.101,50
Zugang	10.12.	455	4,80	2.184,00

Folgende Entnahmen von Griffen wurden im Geschäftsjahr dokumentiert:

Datum	02.02.	28.05.	15.09.	11.11.
Menge	120	500	1.120	880

a) Ermitteln Sie die durchschnittlichen Anschaffungskosten eines Teleskopstockgriffs nach der permanenten Durchschnittsmethode sowie den Bestand an Teleskopstockgriffen zum 31.12.20..

b) Mit welchem Wertansatz wird der Bestand an Teleskopstockgriffen in der Abschlussbilanz aktiviert, wenn die Anschaffungskosten der Teleskopstockgriffe am 31.12.20..

   ba) 5,00 €/Stück

   bb) 5,50 €/Stück

   betragen.

c) Aus welchen Beständen setzt sich der Inventurwert an Griffen für Teleskopstöcke zusammen, wenn die Sport Equipment AG die Lifo-Methode anwendet?

Lösungen s. Seite 177

Aufgabe 15: Bewertung von Schulden I

Die Sport Equipment AG hat am 10.12.2020 bei einer südafrikanischen Bank einen zinsgünstigen Betriebsmittelkredit über 6.625.500,00 ZAR mit einer Laufzeit von zwei Jahren aufgenommen. Im Darlehensvertrag wurde ein Zinssatz von 2,4 % vereinbart. Zudem wird der Kredit am Ende der Laufzeit in einer Summe getilgt. Bei Auszahlung des Darlehens auf unser Konto am 15.12.2020 betrug der Devisenkassamittelkurs (Durchschnitt aus Geld- und Briefkurs) 13,251 ZAR/1,00 EUR.

a) Buchen Sie am 15.12.2020 in Euro.

b) Bewerten Sie die Bankschulden zum 31.12.2020 in Euro, wenn der Devisenkassamittelkurs

   ba) 1,00 EUR = 15,500 ZAR bzw.

   bb) 1,00 EUR = 12,200 ZAR

   beträgt.

Lösungen s. Seite 178

Aufgabe 16: Bewertung von Schulden II

Die Sport Equipment AG hat zur Finanzierung einer neuen Lagerhalle am 01.01.2020 ein Investitionsdarlehen in Höhe von 5.000.000,00 € aufgenommen. Die Auszahlung des Darlehens erfolgt zu 95 %. Die Laufzeit beträgt zehn Jahre. Das Disagio (Abgeld) von 250.000,00 € ist gemäß § 250 HGB als Zinsaufwand auf die Laufzeit des Darlehens zu verteilen (abzuschreiben).

Buchen Sie die Auszahlung des Darlehens sowie die Abgrenzung des Disagios am Ende des Geschäftsjahres 2020.

Lösungen s. Seite 179

Aufgabe 17: Ausweis von Eigenkapital in der Bilanz I

Die Sport Equipment AG erhöht gemäß Beschluss der Hauptversammlung ihr gezeichnetes Kapital durch die Ausgabe junger Aktien:

- Stückzahl: 1.000.000 Aktien
- Nennwert/Aktie: 10,00 €
- Ausgabekurs: 150 %

Buchen Sie die Kapitalerhöhung der Sport Equipment AG

Lösung s. Seite 179

Aufgabe 18: Ausweis von Eigenkapital in der Bilanz II

Aus dem Jahresüberschuss der Sport Equipment AG in Erlangen werden unter anderem 75.000,00 € der gesetzlichen Rücklage und 125.000,00 € der satzungsmäßigen Rücklage zugeführt. Buchen Sie den Vorgang.

Lösung s. Seite 179

Aufgabe 19: Ausweis von Eigenkapital in der Bilanz III

Ihnen liegen für das Geschäftsjahr 2020 die folgende Angaben der Sport Equipment AG vor (Werte in Mio. €):

Jahresüberschuss	480
Eigenkapital (vor Verwendung des Jahresüberschusses)	
Gezeichnetes Kapital	3.420
Kapitalrücklagen	140
Gesetzliche Rücklagen	135
Andere Gewinnrücklagen	1.126

Ermitteln Sie

a) den erforderlichen Zuführungsbetrag zu den gesetzlichen Rücklagen in Euro.

b) den Betrag in Euro, zu dem die „anderen Gewinnrücklagen" bilanziert werden, wenn Vorstand und Aufsichtsrat den nach Aktiengesetz die höchstmöglichen Betrag eingestellt haben.

c) den Bilanzgewinn in Euro.

d) die auszuschüttende Dividende je Aktie in Euro, wenn die Hauptversammlung beschließt, den Bilanzgewinn vollständig an die Aktionäre auszuschütten. Der rechnerische Nennwert je Stückaktie der Sport Equipment AG beträgt 1,50 €.

RECHTSGRUNDLAGEN

§ 150 AktG

(1) In der Bilanz des [...] aufzustellenden Jahresabschlusses ist eine gesetzliche Rücklage zu bilden.

(2) In diese ist der zwanzigste Teil des um einen Verlustvortrag aus dem Vorjahr geminderten Jahresüberschusses einzustellen, bis die gesetzliche Rücklage und die Kapitalrücklagen [...] zusammen den zehnten oder den in der Satzung bestimmten höheren Teil des Grundkapitals erreichen.

§ 58 AktG

(2) Stellen Vorstand und Aufsichtsrat den Jahresabschluss fest, so können sie einen Teil des Jahresüberschusses, höchstens jedoch die Hälfte, in andere Gewinnrücklagen einstellen. Die Satzung kann Vorstand und Aufsichtsrat zur Einstellung eines größeren oder kleineren Teils des Jahresüberschusses ermächtigen. Aufgrund einer solchen Satzungsbestimmung dürfen Vorstand und Aufsichtsrat keine Beträge in andere Gewinnrücklagen einstellen, wenn die anderen Gewinnrücklagen die Hälfte des Grundkapitals übersteigen oder soweit sie nach der Einstellung die Hälfte übersteigen würden.

Lösungen s. Seite 180

9. Auswertung des Jahresabschlusses

Der Jahresabschluss spiegelt in der Bilanz und in der Gewinn- und Verlustrechnung die Unternehmenszahlen zu einem bestimmten Zeitpunkt wieder. Diese Zahlen kann man im Rahmen der Bilanzanalyse und der anschließenden Bilanzkritik auswerten, um Informationen über die wirtschaftliche Lage des Unternehmens zu gewinnen.

Aufgabe 1: Bestandteile des Jahresabschlusses

Ihnen liegt folgender Auszug aus dem HGB vor:

RECHTSGRUNDLAGEN

§ 264 HGB: Pflicht zur Aufstellung

(1) Die gesetzlichen Vertreter einer Kapitalgesellschaft haben den Jahresabschluss (§ 242) um einen Anhang zu erweitern, der mit der Bilanz und der Gewinn- und Verlustrechnung eine Einheit bildet, sowie einen Lagebericht aufzustellen. Die gesetzlichen Vertreter einer kapitalmarktorientierten Kapitalgesellschaft, die nicht zur Aufstellung eines Konzernabschlusses verpflichtet ist, haben den Jahresabschluss um eine Kapitalflussrechnung und einen Eigenkapitalspiegel zu erweitern, die mit der Bilanz, Gewinn- und Verlustrechnung und dem Anhang eine Einheit bilden; sie können den Jahresabschluss um eine Segmentberichterstattung erweitern. Der Jahresabschluss und der Lagebericht sind von den gesetzlichen Vertretern in den ersten drei Monaten des Geschäftsjahres für das vergangene Geschäftsjahr aufzustellen. Kleine Kapitalgesellschaften (§ 267 Abs. 1) brauchen den Lagebericht nicht aufzustellen; sie dürfen den Jahresabschluss auch später aufstellen, wenn dies einem ordnungsgemäßen Geschäftsgang entspricht, jedoch innerhalb der ersten sechs Monate des Geschäftsjahres.

(2) Der Jahresabschluss der Kapitalgesellschaft hat unter Beachtung der Grundsätze ordnungsmäßiger Buchführung ein den tatsächlichen Verhältnissen entsprechendes Bild der Vermögens-, Finanz- und Ertragslage der Kapitalgesellschaft zu vermitteln. Führen besondere Umstände dazu, dass der Jahresabschluss ein den tatsächlichen Verhältnissen entsprechendes Bild im Sinne des Satzes 1 nicht vermittelt, so sind im Anhang zusätzliche Angaben zu machen. Die gesetzlichen Vertreter einer Kapitalgesellschaft, die Inlandsemittent im Sinne des § 2 Abs. 7 des Wertpapierhandelsgesetzes und keine Kapitalgesellschaft im Sinne des § 327a ist, haben bei der Unterzeichnung schriftlich zu versichern, dass nach besten Wissen der Jahresabschluss ein den tatsächlichen Verhältnissen entsprechendes Bild im Sinne des Satzes 1 vermittelt oder der Anhang Angaben nach Satz 2 enthält.

a) Nennen Sie die zwingenden Bestandteile des Jahresabschlusses für kleine Kapitalgesellschaften.

b) Aus welchen Teilen besteht der Jahresabschluss von börsennotierten Kapitalgesellschaften?

Lösungen s. Seite 181

Aufgabe 2: Goldene Bilanzregel

Sie sollen im Rahmen der Bilanzanalyse überprüfen, ob ihr Unternehmen die Anforderung der „Goldenen Bilanzregel" erfüllt. Welche Überprüfung nehmen Sie dabei vor?

- ☐ Sind Anlagevermögen durch langfristiges Fremdkapital und Umlaufvermögen durch kurzfristiges Fremdkapital gedeckt?
- ☐ Sind Umlaufvermögen durch Eigenkapital und Anlagevermögen durch langfristiges Fremdkapital gedeckt?
- ☐ Sind Eigenkapital und Fremdkapital annähernd gleich groß?
- ☐ Sind Anlagevermögen und die eisernen Bestände an Vorräten durch Eigenkapital und das übrige Umlaufvermögen durch langfristiges Fremdkapital gedeckt?
- ☐ Sind Anlagevermögen und eiserne Bestände an Vorräten durch Eigenkapital und langfristiges Fremdkapital, das übrige Umlaufvermögen durch mittel- und kurzfristiges Fremdkapital gedeckt?

Lösung s. Seite 181

Aufgabe 3: Bilanzkennzahlen

Sport Equipment AG

AKTIVA	**Bilanz zum 31.12.2020 (Beträge in T€)**		**PASSIVA**
A. Anlagevermögen		**A. Eigenkapital**	
I. Immaterielle Vermögensgegenstände		I. Gezeichnetes Kapital	5.000
1. Gewerbliche Schutzrechte	350	II. Kapitalrücklage	1.500
		III. Gewinnrücklage	50
		IV. Jahresüberschuss	1.600
II. Sachanlagen			
1. Grundstücke und Bauten	4.500	**B. Rückstellungen**	
2. Maschinen	3.500	1. Pensionsrückstellungen	1.300
3. Geschäftsausstattung	285	2. Steuerrückstellungen	440
4. Geleistete Anzahlungen	50		
		C. Verbindlichkeiten	
B. Umlaufvermögen		1. Langfr. Verbindlichkeiten geg. Banken	3.450
I. Vorräte		2. Erhaltene Anzahlungen	320
1. Roh- ,Hilfs- und Betriebsstoffe	1.600	3. Verbindlichkeiten a. LL	2.460
2. Unfertige Erzeugnisse	1.000		
3. Waren	715	**D. Rechnungsabgrenzungsposten**	80
4. Geleistete Anzahlungen	100		
II. Forderungen und sonstige Vermögensgegenstände			
1. Forderungen a. LL	3.500		
III. Wertpapiere	50		
IV. Schecks, Kassenbestand usw.	420		
C. Rechnungsabgrenzungsposten	130		
	16.200		16.200

Ermitteln Sie zum 31.12.2020 folgende Kennzahlen:

a) Liquidität 1. Grades

b) Eigenkapitalrentabilität. Unterstellen Sie dabei, dass der komplette Jahresüberschuss im Unternehmen verbleibt und nicht an die Aktionäre ausgeschüttet wird.

c) Anlagedeckungsgrad II

d) Forderungsquote.

Lösungen s. Seite 181

Aufgabe 4: Kennzahlen der Bilanz und der GuV-Rechnung

Sport Equipment AG

AKTIVA — Aufbereitete Bilanz vom 31.12.2020 (in €) — PASSIVA

AKTIVA	€	PASSIVA	€
A. Anlagevermögen		**A. Eigenkapital**	
I. Sachanlagen		I. Gezeichnetes Kapital	2.500.000
1. Grundstücke und Gebäude	8.200.000	II. Kapitalrücklage	2.927.700
2. Technische Anlagen und Maschinen	5.800.000	III. Gewinnrücklagen	10.258.800
3. Andere Anlagen, Betriebs- und Geschäftsausstattung	2.961.800	IV. Bilanzgewinn	450.000
B. Umlaufvermögen		**B. Rückstellungen**	
I. Vorräte		1. Langfristige Rückstellungen	906.400
1. Roh-, Hilfs- und Betriebsstoffe	1.865.500	2. Kurzfristige Rückstellungen	174.000
2. Unfertige Erzeugnisse	147.300	**C. Verbindlichkeiten**	
3. Fertige Erzeugnisse und Waren	293.800	1. Verbindlichkeiten gegenüber Kreditinstituten (langfristig)	2.539.100
II. Forderungen und sonstige Vermögensgegenstände		2. Verbindlichkeiten a. LL (kurzfristig)	2.124.400
1. Forderungen a. LL	1.896.200	3. Sonstige Verbindlichkeiten (kurzfristig)	59.100
2. Sonstige Vermögensgegenstände	863.200	4. Umsatzsteuerverbindlichkeit	861.400
III. Liquide Mittel	773.100		
	22.800.900		22.800.900

Hinweis: Der Bilanzgewinn wird in voller Höhe an die Aktionäre ausgeschüttet.

Auszug aus der Gewinn- und Verlustrechnung der Sport Equipment AG zum 31.12.2020:

Position	Betrag in €
Umsatzerlöse	50.817.200,00
Verminderung des Bestandes an fertigen und unfertigen Erzeugnissen	130.000,00
Sonstige betriebliche Erträge	322.900,00
Materialaufwand für Stoffe und Waren für bezogene Leistungen	 22.989.900,00 6.529.700,00

Position	Betrag in €
Personalaufwand	9.920.200,00
Abschreibungen	926.700,00
Sonstige betriebliche Aufwendungen	9.305.500,00
Sonstige Zinsen und ähnliche Erträge	69.900,00
Zinsen und ähnliche Aufwendungen	120.700,00
Ergebnis der gewöhnlichen Geschäftstätigkeit	1.287.300,00
Steuern vom Einkommen und vom Ertrag	451.000,00
Jahresüberschuss	836.300,00

a) Ermitteln Sie das bei Berechnung der folgenden Bilanzkennzahlen zugrunde zu legende Eigenkapital.

b) Ermitteln Sie aus der Bilanz sowie der Gewinn- und Verlustrechnung folgende Kennzahlen:

- ba) den Anlagendeckungsgrad I
- bb) den Anlagendeckungsgrad II
- bc) die Eigenkapitalquote
- bd) die Eigenkapitalrentabilität
- be) das Debitorenziel
- bf) die Liquidität 2. Grades.

Lösungen s. Seite 182

Aufgabe 5: Eigenkapitalrentabilität

Welche der folgenden Aussagen zur Eigenkapitalrentabilität sind richtig?

- ☐ Die Eigenkapitalrentabilität zeigt, wie viel Gewinn mit einer bestimmten Umsatzmenge erzielt wurde.
- ☐ Die Eigenkapitalrentabilität zeigt die Selbstfinanzierungskraft des Unternehmens, unabhängig von Abschreibungen und Zuführungen zu den Rückstellungen.
- ☐ Die Eigenkapitalrentabilität zeigt, wie sich das eingesetzte Eigenkapital verzinst.
- ☐ Die Eigenkapitalrentabilität zeigt die Rentabilität des insgesamt im Unternehmen eingesetzten Kapitals unabhängig von der Kapitalstruktur.
- ☐ Die Eigenkapitalrentabilität sollte über dem langfristigen Kapitalmarktzins liegen, da zusätzlich eine Risikoprämie für den Unternehmer zu erwirtschaften ist.
- ☐ Die Eigenkapitalrentabilität zeigt die Bindungsdauer des Kapitals; je höher die Kennzahl, desto häufiger wird das Kapital umgesetzt.

Lösungen s. Seite 183

Aufgabe 6: Anlagendeckungsgrad

Welche der folgenden Aussagen zum Anlagedeckungsgrad II ist richtig?

- ☐ Die Kennzahl sagt aus, inwieweit bestimmte Positionen durch Inanspruchnahme eines kurzfristigen Kontokorrentkredites finanziert wurden.
- ☐ Die Kennzahl gibt das Verhältnis zwischen Anlagevermögen und Umlaufvermögen an.
- ☐ Eine Steigerung des Anlagedeckungsgrades wird erreicht, wenn Gewinnrücklagen aufgelöst werden und an die Aktionäre in Form von Dividende ausgeschüttet werden.
- ☐ Die Kennzahl gibt Auskunft über die Zahlungsfähigkeit eines Unternehmens.
- ☐ Mithilfe des Anlagedeckungsgrades II kann kontrolliert werden, ob Positionen des Anlagevermögens durch langfristiges Kapital finanziert wurden.

Lösung s. Seite 184

Aufgabe 7: Cashflow

a) Welche der folgenden Aussagen zum Cashflow sind falsch?

- ☐ Der Cashflow gibt die Selbstfinanzierungskraft eines Unternehmens wieder.
- ☐ Höhere Abschreibungsbeträge erhöhen die Kennzahl.
- ☐ Die Auflösung von Pensionsrückstellungen führt zu einer Erhöhung des Cashflow.
- ☐ Die Kennzahl gibt an, mit wie viel Prozent sich das eingesetzte Eigenkapital aufgrund der unternehmerischen Tätigkeit verzinst.
- ☐ Ein Jahresfehlbetrag reduziert den Cashflow.
- ☐ Eine positive Kennzahl gibt u. a. an, ob ein Unternehmen in der Lage ist, notwendige Reinvestitionen von Anlagegütern durch den Rückfluss von Abschreibungsgegenwerten über die Umsatzerlöse zu finanzieren.

b) Berechnen Sie den Cashflow 2020 aus folgenden Angaben:

Position	Betrag in €
Planmäßige Abschreibungen auf das Anlagevermögen	132.000,00
Langfristige Rückstellungen 2020	17.500,00
Langfristige Rückstellungen 2019	16.500,00
Jahresüberschuss	218.000,00
Kurzfristige Rückstellungen 2020	4.500,00
Kurzfristige Rückstellungen 2019	4.200,00

Lösungen s. Seite 184

10. Kosten- und Leistungsrechnung

Warum ist eine Kosten- und Leistungsrechnung für Unternehmen notwendig?

Ein Unternehmen muss im Normalfall davon ausgehen, dass

- seine Produkte auch von Konkurrenzunternehmen in gleicher oder ähnlicher Art angeboten werden
- Kunden an der Preisgestaltung mitwirken
- ein bestimmter Anteil an Fremdkapital in Form von Darlehen zur Finanzierung der Anlagen benötigt wird
- die Nachfrage nicht konstant ist
- Beschaffungspreise schwanken
- sich die technischen Anforderungen und die Käufergewohnheiten verändern
- viele Kosten steigen, ohne dass das Unternehmen sie beeinflussen kann.

Beachtet ein Unternehmen diese Tatsachen nicht, werden aus Gewinnen schnell Verluste oder aus geplanten Verkäufen werden Lagerbestände. Das Unternehmen wird diesen Prozess nicht lange überleben, es wird insolvent und in der Folge aufgelöst werden.

INFO

Ziel einer Kosten- und Leistungsrechnung ist es, die Kosten und Leistungen einer Abrechnungsperiode komplett zu erfassen und daraus das Betriebsergebnis zu ermitteln. Eine Abrechnungsperiode kann jede Zeiteinheit sein, z. B. ein Monat, ein Quartal oder ein Jahr.

Daneben übernimmt die Kosten- und Leistungsrechnung wichtige Aufgaben, wie z. B.

- die Kontrolle der Wirtschaftlichkeit von Prozessen
- die Ermittlung der Selbstkosten je Erzeugnis oder Erzeugnisgruppe
- die Kalkulation der Verkaufspreise
- die Ermittlung der Selbstkosten einer Abrechnungsperiode
- die Verteilung der Gemeinkosten auf die Kostenstellen (Betriebsabrechnungsbogen)
- die Ermittlung von Deckungsbeiträgen im Rahmen der Teilkostenrechnung (Deckungsbeitragsrechnung)
- Ermittlung von zukunftsorientierten Kosten (Plankostenrechnung).

Aufgabe 1: Teilbereiche und Systeme der Kostenrechnung

Welche der nachfolgenden Aussagen sind falsch?

- ☐ Die Zuschlagskalkulation ist ein Teilbereich der Vollkostenrechnung.
- ☐ Die Teilkostenrechnung ist gleichzusetzen mit der Deckungsbeitragsrechnung.
- ☐ Eine Aufgabe des Betriebsabrechnungsbogens (BAB) ist die Verteilung der Einzelkosten auf die die Kostenstellen.
- ☐ Die Teilkostenrechnung unterteilt im Rahmen der Kostenartenrechnung in variable und fixe Kosten.
- ☐ Die Plankostenrechnung versucht zukunftsorientierte Kosten zu ermitteln.
- ☐ In Unternehmen mit Sortenfertigung ist die Anwendung der Äquivalenzziffernrechnung sinnvoll.
- ☐ Für kurzfristig zu treffende marktorientierte Entscheidungen liefert die Vollkostenrechnung häufig keine geeigneten Informationen.
- ☐ Die Teilkostenrechnung (Deckungsbeitragsrechnung) unterteilt im Rahmen der Kostenartenrechnung grundsätzlich in Einzel- und Gemeinkosten.
- ☐ Die Ermittlung von Stückdeckungsbeiträgen gehört zu den retrograden Kalkulationsverfahren.
- ☐ Betriebe mit Serienfertigung wenden häufig im Rahmen der Vollkostenrechnung die sogenannte differenzierte Zuschlagskalkulation an.
- ☐ Betriebe mit einem geringen Automatisierungsgrad in der Produktion kalkulieren ihre Preise in der Regel unter Einbeziehung von Maschinenstundensätzen.
- ☐ Die Maschinenstundensatzrechnung unterteilt die Fertigungsgemeinkosten in maschinenabhängige Fertigungsgemeinkosten und Restgemeinkosten.
- ☐ Eine Aufgabe des Betriebsabrechnungsbogens (BAB) ist unter anderem die Ermittlung von Gemeinkostenzuschlagssätzen für jede Hauptkostenstelle.
- ☐ Jeder Kaufmann ist gemäß HGB gesetzlich verpflichtet, systematische Kostenrechnung in seinem Unternehmen zu praktizieren.

Lösungen s. Seite 186

Aufgabe 2: Grundbegriffe der Kostenrechnung I

Bei welcher der folgenden Aussagen liegt eine Ausgabe, aber kein Aufwand vor?

- ☐ Die Sport Equipment AG begleicht die monatliche Rechnung der Deutschen Telekom per Lastschriftverfahren.
- ☐ Die Inspektionsrechnung für ein Vertriebsfahrzeug wird bar beglichen.
- ☐ Die Sport Equipment AG überweist die Miete für eine gemietete Lagerhalle quartalsweise über ihr Konto bei der Süddeutschen Kreditbank AG.
- ☐ Gemäß Eingangsrechnung 12345 erhält die Sport Equipment AG Fremdbauteile in Höhe von 12.800,00 € brutto. Das Material wird als Lagerware erfasst.

- ☐ Für einen Großauftrag erhält die Sport Equipment AG Rohstoffe im Gesamtwert von 5.000,00 € netto auf Ziel. Das Material wird sofort nach Eingang verarbeitet.

Lösungen s. Seite 186

Aufgabe 3: Grundbegriffe der Kostenrechnung II

Sie sind kaufmännischer Mitarbeiter der Mutz & Mutz OHG, einem Lieferanten der Sport Equipment AG. Sie sollen im Rahmen der Aufbereitung der Zahlen für Kalkulationszwecke entscheiden, bei welchen der folgenden Aufwendungen auch gleichzeitig Kosten vorliegen?

- ☐ Mietaufwendungen für die von Gesellschafter Hans Mutz privat genutzte Garage.
- ☐ Wertpapiere aus dem Bestand der Mutz & Mutz OHG werden unter Anschaffungskosten verkauft.
- ☐ Überweisung der Beiträge zur Sozialversicherung am drittletzten Bankarbeitstag des Abrechnungsmonates.
- ☐ Beschaffung von 50.000 Blatt Kopierpapier gemäß Eingangsrechnung 5678 auf Ziel.
- ☐ Kauf eines neuen Kopiegerätes für 999,99 € brutto. Das Gerät wird als geringwertiges Wirtschaftsgut auf dem Konto Abschreibungspool erfasst.
- ☐ Das Kopiergerät (siehe vorherige Aussage) wird linear mit 20 % am Jahresende abgeschrieben (= kalkulatorische Abschreibung).

Lösungen s. Seite 187

Aufgabe 4: Grundbegriffe der Kostenrechnung III

Bei welcher der folgenden Aussagen liegt eine Einnahme, aber kein Ertrag vor?

- ☐ Ausgangsrechnung 12-2017 über die Lieferung von eigenen Erzeugnissen an Debitor Paul Breitner KG über brutto 890,00 €.
- ☐ Die Süddeutsche Kreditbank AG schreibt der Sport Equipment AG Zinsen für ein angelegtes Festgeld gut: 1.000,00 €.
- ☐ Verkauf von Handelswaren über netto 5.000,00 € auf Ziel
- ☐ Die Sport Equipment AG zahlt der Sport Equipment AG ein langfristiges Investitionsdarlehen über 2,5 Mio. € aus.
- ☐ Die Süddeutsche Kreditbank AG verkauft Bundeswertpapiere aus ihrem Depot. Der Kursgewinn beträgt 4.000,00 €.

Lösungen s. Seite 187

Aufgabe 5: Grundbegriffe der Kostenrechnung IV

In die Kosten- und Leistungsrechnung fließen unter anderem die kalkulatorischen Abschreibungen der Anlagegüter ein. Welche zwei Ergebnisse werden dadurch unmittelbar beeinflusst?

- ☐ das Umsatzergebnis des Kostenträgerzeitblattes (BAB II)

- ☐ das Betriebsergebnis der Ergebnistabelle
- ☐ das Ergebnis aus unternehmensbezogener Abgrenzung der Ergebnistabelle
- ☐ das Gesamtergebnis der Ergebnistabelle
- ☐ das Ergebnis (Saldo) aus der Gewinn- und Verlustrechnung
- ☐ das Ergebnis aus kosten- und leistungsrechnerischen Korrekturen der Ergebnistabelle

Lösungen s. Seite 187

Aufgabe 6: Kostenartenrechnung I

Im Rahmen der Kostenartenrechnung fasst die Sport Equipment AG verschiedene Kosten „blockweise" zusammen. Unter anderem kann zwischen Einzel- und Gemeinkosten sowie zwischen variablen und fixen Kosten unterschieden werden.

Tragen Sie für die nachfolgenden Kosten in der Spalte A eine

(1) ein, wenn es sich um Einzelkosten handelt

(2) ein, wenn es sich dagegen um Gemeinkosten handelt.

Tragen Sie für die nachfolgenden Kosten in der Spalte B eine

(3) ein, wenn es sich um variable Kosten handelt

(4) ein, wenn es sich um fixe Kosten handelt.

Kostenart	Spalte A	Spalte B
a) Aufwendungen für Rohstoffe		
b) Gehälter für kaufmännische Angestellte		
c) Kalkulatorische Abschreibungen (lineare Methode)		
d) Akkordlöhne		
e) Werbeaufwendungen für Anzeigen in Fachzeitschriften		
f) Fertigungsmaterial		
g) Ausgangsfrachten für verkaufte Erzeugnisse		
h) Handelsvertreterprovisionen		
i) Leistungsabschreibung für eine Stanzmaschine		
j) Überstundenzuschläge		
k) Instandhaltungsaufwendungen durch Wartungsverträge		
l) Kalkulatorische Zinsen		
m) Versicherungsprämien		
n) Grundsteuer für Betriebsgrundstücke		
o) Arbeitgeberanteil zur Sozialversicherung (Lohnbereich)		
p) Energiekosten		
q) Aufwendungen für Hilfsstoffe		

Lösungen s. Seite 188

Aufgabe 7: Kostenartenrechnung II

Im Rahmen der Kostenartenrechnung kann man zwischen degressiven, proportionalen und progressiven Kosten unterscheiden. Ordnen Sie in diesem Zusammenhang jeweils eine der folgenden Aussagen den drei Kostenbegriffen zu.

a) Kosten, die unabhängig vom Beschäftigungsgrad anfallen

b) Kosten, die mit Zu- und Abnahme der Produktionsmenge im gleichen Verhältnis steigen bzw. sinken

c) Kosten, die stärker steigen als die Produktionsmenge

d) Kosten, die nicht zu Ausgaben führen

e) Kosten, die man einem Kostenträger direkt zurechnen kann

f) Kosten, die langsamer steigen als der Beschäftigungsgrad

g) Kosten, die einer Kostenstelle direkt zuzurechnen sind

Degressive Kosten	Proportionale Kosten	Progressive Kosten

Lösungen s. Seite 188

Aufgabe 8: Kostenartenrechnung III

Ordnen Sie zu.

a) Fixe Kosten

b) Gemeinkosten

c) Kostenträger

d) Einzelkosten

e) Variable Kosten

f) Kostenstellen

g) Rechnungskreise I und II

Die vom Beschäftigungsgrad abhängigen Kosten	Die dem einzelnen Produkt über Zuschlagssätze zugeordneten Kosten	Die Funktionsbereiche eines Betriebes

Lösungen s. Seite 188

Aufgabe 9: Kostenartenrechnung IV

Welche Kosten zählen ausschließlich zu den kalkulatorischen Zusatzkosten der Sport Equipment AG?

- ☐ die kalkulatorischen Zinsen für das gezeichnete Kapital (Grundkapital)
- ☐ der kalkulatorische Unternehmerlohn des Vorstandes
- ☐ die Personalkosten für die leitenden Angestellten
- ☐ die kalkulatorischen Abschreibungen für das Anlagevermögen
- ☐ die Materialaufwendungen werden mit kalkulatorischen Verrechnungspreisen angesetzt
- ☐ die kalkulatorischen Zinsen für das langfristige Fremdkapital

Lösung s. Seite 189

Aufgabe 10: Kostenartenrechnung V

Sie sind kaufmännischer Mitarbeiter der Sport Equipment AG und erstellen gerade eine Abgrenzungsrechnung.

Welche der nachfolgenden Kosten stellen in diesem Zusammenhang Grundkosten (aufwandsgleiche Kosten) dar?

- ☐ Kalkulatorische Abschreibungen
- ☐ Personalaufwendungen der Vorstandsmitglieder
- ☐ Kalkulatorische Zinsen
- ☐ Kalkulatorische Wagnisse
- ☐ bestandsorientierte Beschaffung von Rohstoffen
- ☐ Verlust aus dem Verkauf einer nicht mehr benötigten Produktionsmaschine
- ☐ Grundsteuer für das Betriebsgrundstück

Lösungen s. Seite 189

Aufgabe 11: Kostenartenrechnung VI

Sie sind kaufmännischer Mitarbeiter im Controlling der Sport Equipment AG. Sie sollen bestimmte Kostenverläufe grafisch darstellen und in einer Teamsitzung präsentieren. Dazu liegen Ihnen die folgenden Zahlen vor:

Produktionsmenge	Fixkosten gesamt	Variable Kosten gesamt	Gesamtkosten
1	30.000,00 €	200,00 €	30.200,00 €
10	30.000,00 €	2.000,00 €	32.000,00 €
100	30.000,00 €	20.000,00 €	50.000,00 €
200	30.000,00 €	40.000,00 €	70.000,00 €
300	30.000,00 €	60.000,00 €	90.000,00 €

Stellen Sie **grafisch** den Zusammenhang zwischen den folgenden **Gesamtkosten** und der **Produktionsmenge** dar.

a) Fixe Gesamtkosten

b) Variable Gesamtkosten

c) Gesamtkosten

Verwenden Sie dafür das folgende Schema:

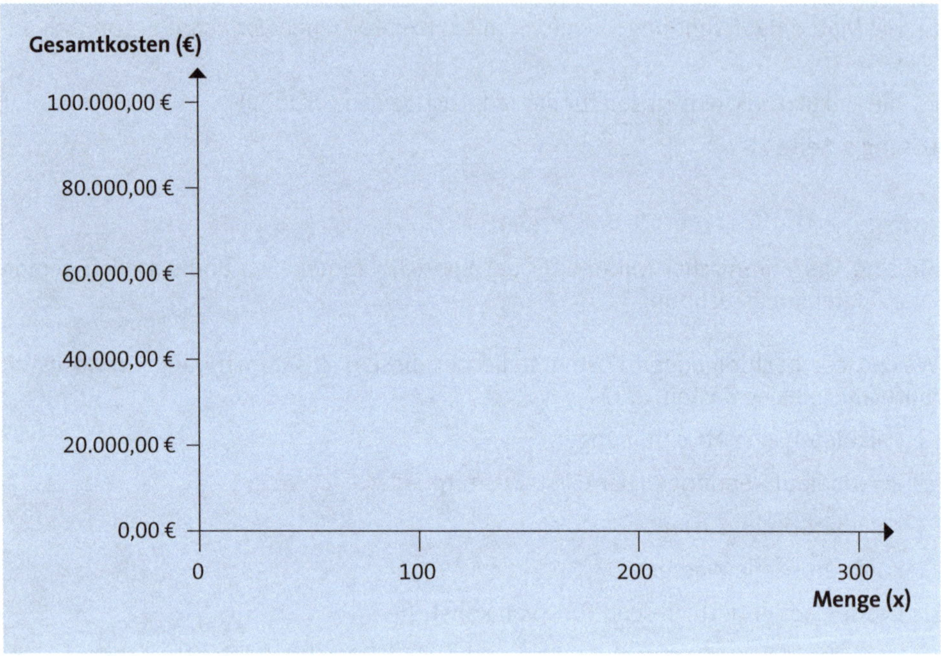

Stellen Sie **grafisch** den Zusammenhang zwischen den folgenden **Stückkosten** und der **Produktionsmenge** dar.

d) fixe Stückosten

e) variable Stückkosten

f) gesamte Stückkosten

g) Erläutern Sie ausführlich den Zusammenhang zwischen den Kosten und der Produktionsmenge (Beschäftigung) anhand der Stückkosten.

Verwenden Sie dafür das folgende Schema:

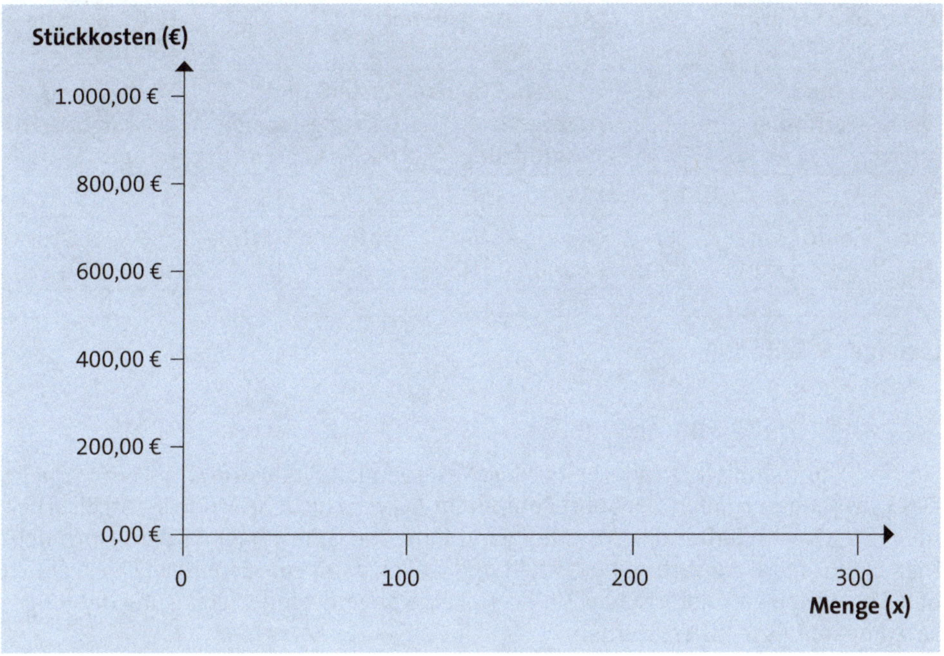

Lösungen s. Seite 189

Aufgabe 12: Kalkulatorische Abschreibungen

Als kaufmännischer Mitarbeiter der Controllingabteilung der Sport Equipment AG liegen Ihnen für die vollautomatische Skiwachs- und Kantenschleifmaschine AS-040372 die folgenden Angaben vor:

Anschaffungskosten	24.000,00 €
Wiederbeschaffungskosten	27.500,00 €
Nutzungsdauer gemäß amtlicher AfA-Tabelle	6 Jahre
interne Nutzungsdauer	5 Jahre
Abschreibungsmethode	linear

a) Berechen Sie die Höhe der jährlichen bilanziellen und kalkulatorischen Abschreibung.

b) Welche Kostenart liegt bezüglich der kalkulatorischen Abschreibung im Vergleich zur bilanziellen Abschreibung vor.

c) Erfassen Sie die Abschreibungen der Skiwachs- und Kantenschleifmaschine AS-040372 in der Abgrenzungsrechnung.

Rechnungskreis 1				**Rechnungskreis 2**					
Finanzbuchführung				**Abgrenzungsbereich**				**Betriebsbuchführung**	
Gewinn- und Verlustrechnung				**Unternehmensbezogene Abgrenzung**		**Kosten- und leistungsrechnerische Abgrenzung**		**Kosten- und Leistungsrechnung**	
1	2	3	4	5	6	7	8	9	10
Kto-Nr.	Konto	Aufwand	Ertrag	Aufwand	Ertrag	Aufwand	Ertrag	Kosten	Leistungen

Lösungen s. Seite 190

Aufgabe 13: Kalkulatorische Zinsen

Sie sind kaufmännischer Mitarbeiter der Weserbergland Industrie GmbH in Hameln. Das Unternehmen liefert der Sport Equipment AG verschiedene Modelle von Bikerhelmen. Die Gesellschafter der Weserbergland Industrie GmbH haben ihrem Unternehmen Eigenkapital zur Verfügung gestellt und wollen dafür eine Rendite erzielen. Durch den Ansatz von kalkulatorischen Zinsen soll eine angemessene Verzinsung des eingesetzten Kapitals realisiert werden.

Ihnen liegen folgende Angaben vor:

Kalkulatorische Restwerte (Wiederbeschaffungskosten minus kalkulatorische Abschreibung) des Anlagevermögens:

Bebaute Betriebsgrundstücke	9.500.000,00 €
Brach liegendes Grundstück	800.000,00 €
Unbebaute Grundstücke (Nutzung als Lagerfläche)	3.000.000,00 €
Lagerhalle (vermietet)	2.750.000,00 €
Fertigungsmaschinen (davon Reserve: 250.000,00 €)	3.500.000,00 €
Betriebs- und Geschäftsausstattung	2.000.000,00 €

Kalkulatorische Durchschnittswerte des Umlaufvermögens:

Vorräte	5.000.000,00 €
Forderungen aus Lieferungen und Leistungen	14.500.000,00 €
Beteiligungen an verbundenen Unternehmen	500.000,00 €
Wertpapiere (spekulative Anlage)	500.000,00 €
Flüssige Mittel	4.000.000,00 €

Dem Umlaufvermögen stehen Lieferantenkredite in Höhe von insgesamt 6.000.000,00 € gegenüber, wobei Lieferantenkredite in Höhe von 2.000.000,00 € skontierungsfähig sind. Zudem liegen noch Kundenanzahlungen von 2.400.000,00 € vor. Die Weserbergland Industrie GmbH hat Rückstellungen von insgesamt 3.000.000,00 € gebildet. Die Bankschulden belaufen sich auf insgesamt 20.000.000,00 €.

a) Ermitteln Sie das betriebsnotwendige Kapital.

b) Wie hoch sind die kalkulatorischen Zinsen? Der kalkulatorische Zinssatz beträgt 8 %.

c) Welche Kapitalkosten möchte die Weserbergland Industrie GmbH durch den Ansatz von kalkulatorischen Zinsen über die Verkaufspreise abdecken?

d) Erfassen Sie die kalkulatorischen Zinsen in der Ergebnistabelle. Die Zinsaufwendungen des Rechnungskreises I betragen 1.800.000,00 €.

Rechnungskreis 1				**Rechnungskreis 2**					
Finanzbuchführung				**Abgrenzungsbereich**				**Betriebsbuchführung**	
Gewinn- und Verlustrechnung				**Unternehmensbezogene Abgrenzung**		**Kosten- und leistungsrechnerische Abgrenzung**		**Kosten- und Leistungsrechnung**	
1	2	3	4	5	6	7	8	9	10
Kto-Nr.	Konto	Aufwand	Ertrag	Aufwand	Ertrag	Aufwand	Ertrag	Kosten	Leistungen

Lösungen s. Seite 191

Aufgabe 14: Kalkulatorische Wagnisse

Die Sport Equipment AG versucht den Verlust an Rohstoffen durch Schwund und Preisverfall durch den Ansatz von kalkulatorischen Wagniszuschlägen in der Kalkulation „aufzufangen". In diesem Zusammenhang liegen Ihnen die folgenden Daten vor:

Jahr	Eingetretene Verluste an Rohstoffen	Bezugspreise der Rohstoffe
1	28.500,00 €	4.200.000,00 €
2	14.540,00 €	3.845.900,00 €
3	6.382,00 €	4.000.000,00 €
4	20.000,00 €	1.959.780,00 €
5	7.461,00 €	4.649.000,00 €

a) Berechnen Sie den durchschnittlichen kalkulatorischen Wagniszuschlag in Prozent.

b) Aus welchen Gründen ist es sinnvoll, kalkulatorische Wagnisse in die Kalkulation einzubeziehen?

c) Unterscheiden Sie das allgemeine Unternehmenswagnis und spezielle Einzelwagnisse. Nennen Sie in diesem Zusammenhang auch Beispiele.

d) Im Januar diesen Jahres muss die Sport Equipment AG Rohstoffe im Wert von 5.000,00 € aufgrund von Verderb entsorgen.

Die Bezugspreise der Rohstoffe betrugen in diesem Monat insgesamt 300.000,00 €. Erstellen Sie in diesem Zusammenhang die Ergebnistabelle für den Monat Januar.

Rechnungskreis 1				**Rechnungskreis 2**					
Finanzbuchführung				**Abgrenzungsbereich**				**Betriebsbuchführung**	
Gewinn- und Verlustrechnung				**Unternehmensbezogene Abgrenzung**		**Kosten- und leistungsrechnerische Abgrenzung**		**Kosten- und Leistungsrechnung**	
1	2	3	4	5	6	7	8	9	10
Kto-Nr.	Konto	Aufwand	Ertrag	Aufwand	Ertrag	Aufwand	Ertrag	Kosten	Leistungen

e) Nehmen Sie ausführlich Stellung zu der These: „Kalkulatorische Wagnisse zählen immer zu den Anderskosten".

Lösungen s. Seite 193

Aufgabe 15: Ergebnistabelle (Sachliche Abgrenzung)

Anne Strasser hat sich im letzten Jahr einen Kindheitstraum erfüllt und sich mit einem Outdoorgeschäft in Bisperode selbstständig gemacht. „Globetrotter Strasser e.Kfr." ist von Anfang an Kunde der Sport Equipment AG. Frau Strasser bittet Sie, als erfahrener Controller der Sport Equipment AG, um Ihre Mithilfe bei der Erstellung einer Abgrenzungsrechnung.

Aus der Finanzbuchführung des Betriebes liegen Ihnen die folgenden Jahreszahlen vor:

Umsatzerlöse für Handelswaren	600.000,00 €
Umsatzerlöse für eigene Leistungen	89.000,00 €
Aufwendungen für Handelswaren	340.000,00 €
Aufwendungen für Betriebsstoffe	5.000,00 €
Bilanzielle Abschreibung auf SA	16.000,00 €
Zinsaufwendungen	8.000,00 €
Verluste aus Schadenfällen	12.000,00 €
Löhne einschließlich AG-Anteil Sozialversicherung	50.000,00 €
Betriebliche Steuern	20.000,00 €
Mieterträge	6.000,00 €
Werbeaufwendungen	10.000,00 €

Leasingsaufwand für Geschäfts-Pkw	5.000,00 €
Mietaufwand für Lagerhalle	10.000,00 €
Büromaterial	5.000,00 €

Aus der internen Betriebsbuchführung sind folgende Angaben bekannt (Angaben beziehen sich auf ein Geschäftsjahr):

Betriebsstoffe unter Berücksichtigung von Verrechnungspreisen	6.000,00 €
kalkulatorische Abschreibungen	25.000,00 €
kalkulatorische Restwerte des Anlagevermögens	200.000,00 €
kalkulatorische Durchschnittswerte des Umlaufvermögens	150.000,00 €
Rückstellungen	25.000,00 €
Lieferantenkredite	45.000,00 €
davon skontierungsfähig	10.000,00 €

- Kalkulationszinssatz: 7,2413 %

Die unternehmerische Tätigkeit von Frau Strasser soll mit einem Betrag in Höhe von 30.000,00 € in der Kosten- und Leistungsrechnung berücksichtigt werden.

- Kalkulatorisches Wagnis: 5.000,00 €

Frau Strasser stellt ihrem Betrieb eine private Garage unentgeltlich für den ausschließlich betrieblich genutzten Pkw zur Verfügung, die ortsübliche Miete in Bisperode beträgt 1.000,00 € pro Jahr.

a) Erstellen Sie aufgrund der vorliegenden Zahlen für den Betrieb „Globetrotter Strasser e.Kfr.“ eine Abgrenzungsrechnung für das abgelaufene Geschäftsjahr.

b) Interpretieren Sie das Ergebnis.

Rechnungskreis 1				**Rechnungskreis 2**					
Finanzbuchführung				**Abgrenzungsbereich**				**Betriebsbuchführung**	
Gewinn- und Verlustrechnung				**Unternehmensbezogene Abgrenzung**		**Kosten- und leistungsrechnerische Abgrenzung**		**Kosten- und Leistungsrechnung**	
1	2	3	4	5	6	7	8	9	10
Kto-Nr.	Konto	Aufwand	Ertrag	Aufwand	Ertrag	Aufwand	Ertrag	Kosten	Leistungen

Lösungen s. Seite 195

Aufgabe 16: Kostenstellenrechnung (BAB 1) I

In der Kosten- und Leistungsrechnung der Sport Equipment AG wird unter anderem ein einfacher Betriebsabrechnungsbogen aufgestellt. Welche Zielsetzung verfolgen Sie mit der Aufstellung des BAB?

- ☐ Mithilfe des BAB errechnet man das Betriebsergebnis für jede Kostenstelle.
- ☐ Der BAB dient dazu, die Einzelkosten verursachungsgerecht auf die Kostenträger (Endprodukte) zu verteilen.
- ☐ Im BAB trennt man die unternehmensbezogenen Aufwendungen von den betriebsbezogenen Aufwendungen.
- ☐ Dem BAB kann man die Selbstkosten der verschieden Produkte entnehmen.
- ☐ Der BAB erfasst die in den einzelnen Betriebsabteilungen (Kostenstellen) entstandenen Einzelkosten.
- ☐ Der BAB erfasst die in den einzelnen Betriebsabteilungen (Kostenstellen) entstandenen Gemeinkosten.

Lösung s. Seite 196

Aufgabe 17: Kostenstellenrechnung (BAB 1) II

Sie sind kaufmännischer Mitarbeiter im Controlling der Sport Equipment AG.

a) Erstellen Sie auf Grundlage der vorgegebenen Zahlen den nachfolgenden Betriebsabrechnungsbogen für den Abrechnungsmonat September.

Einfacher Betriebsabrechnungsbogen der Sport Equipment AG

Gemeinkostenarten	Zahlen der Betriebsergebnisrechnung in €	Verteilungsgrundlagen	Kostenstelle Material in €	Kostenstelle Fertigung in €	Kostenstelle Verwaltung in €	Kostenstelle Vertrieb in €
Aufwendungen für Hilfsstoffe	325.000,00	nach Stücklisten	7.000,00	290.400,00	9.000,00	18.600,00
Aufwendungen für Betriebsstoffe	35.300,00	nach Materialentnahmescheinen	5.600,00	18.000,00	8.400,00	3.300,00
Gehälter	305.600,00	nach Entgeltabrechnungen	26.800,00	242.800,00	16.400,00	19.600,00
Werbeaufwendungen	398.800,00	nach Rechnungen	37.000,00	66.800,00	217.800,00	77.200,00
Soziale Abgaben	307.000,00	nach Entgeltabrechnungen	19.600,00	179.400,00	65.200,00	42.800,00
Mietaufwendungen	240.000,00	nach Flächen	400 m²	1.200 m²	240 m²	160 m²
Versicherungen	62.400,00	nach Versicherungssummen	400.000,00	2.400.000,00	800.000,00	400.000,00
Bürokosten	141.600,00	nach Rechnungen	13.600,00	46.800,00	63.000,00	18.200,00
Betriebliche Steuern	181.000,00	nach Verhältniszahlen	0,00	143.200,00	37.800,00	0,00
Kalkulatorische Abschreibungen		nach Verhältniszahlen	3,00	18,00	6,00	3,00
Kalkulatorische Zinsen		nach Verhältniszahlen	3,00	10,00	4,00	3,00

Einfacher Betriebsabrechnungsbogen der Sport Equipment AG						
Gemeinkosten-arten	**Zahlen der Betriebsergeb-nisrechnung in €**	**Verteilungs-grundlagen**	**Kostenstelle Material in €**	**Kostenstelle Fertigung in €**	**Kostenstelle Verwaltung in €**	**Kostenstelle Vertrieb in €**
Summe der Gemeinkosten						
Zuschlagsgrund-lagen						
Gemeinkostenzu-schlagssätze						

Ihnen liegen zusätzlich die folgenden Angaben vor:

- Kalkulatorische Abschreibungen *pro Jahr:*
  - auf 0530: 1,5 % von den Anschaffungskosten in Höhe von 4.800.000,00 €
  - auf 0700: 15 % von den Wiederbeschaffungskosten in Höhe von 2.000.000,00 €
  - auf 0800: 10 % von den Wiederbeschaffungskosten in Höhe von 1.080.000,00 €
- Kalkulatorische Zinsen *je Jahr:*
  - 6 % vom betriebsnotwendigen Kapital in Höhe von 9.000.000,00 €

Minderbestand an unfertigen Erzeugnissen	51.320,00 €
Mehrbestand an fertigen Erzeugnissen	62.810,00 €
Fertigungsmaterial	1.027.000,00 €
Fertigungslöhne	826.760,00 €

Der Vorstand der Sport Equipment AG ist mit der Aussagefähigkeit des einfachen Betriebsabrechnungsbogens nicht zufrieden. Aus diesem Grund wird der BAB um eine Fertigungshauptkostenstelle und eine zusätzliche Fertigungshilfskostenstelle erweitert.

Als kaufmännischem Mitarbeiter im Controlling liegen Ihnen für den Abrechnungsmonat Oktober folgender BAB und folgendes Datenmaterial vor:

Erweiteter und mehrstufiger Betriebsabrechnungsbogen der Sport Equipment AG								
Gemeinkostenarten	**Zahlen der Betriebsergebnisrechnung in €**	**Verteilungsgrundlagen**	**Kostenstelle Material in €**	**Hilfskosten-stelle Arbeitsvorbereitung in €**	**Kostenstelle Fertigung I in €**	**Kostenstelle Fertigung II in €**	**Kostenstelle Verwaltung in €**	**Kostenstelle Vertrieb in €**
Aufwendungen für Hilfsstoffe	180.000,00	nach Stücklisten	4.000,00	2.000,00	100.000,00	50.000,00	8.200,00	15.800,00
Aufwendungen für Betriebsstoffe	22.330,00	nach Materialentnahmescheinen	3.200,00	1.150,00	5.500,00	6.200,00	4.870,00	1.410,00
Gehälter	152.800,00	nach Entgeltabrechnungen	13.400,00	2.250,00	59.575,00	59.575,00	8.200,00	9.800,00
Werbeaufwendungen	70.370,00	nach Rechnungen	0,00	0,00	16.700,00	16.700,00	11.740,00	25.230,00
Soziale Abgaben	153.500,00	nach Entgeltabrechnungen	9.800,00	700,00	44.500,00	44.500,00	32.600,00	21.400,00
Mietaufwendungen	128.000,00	nach Flächen	200 m²	0 m²	280 m²	320 m²	120 m²	80 m²
Versicherungen	31.200,00	nach Versicherungssummen	200.000,00	200.000,00	400.000,00	600.000,00	400.000,00	200.000,00
Bürokosten	55.650,00	nach Rechnungen	3.000,00	4.500,00	10.000,00	7.030,00	28.000,00	3.120,00
Betriebliche Steuern	101.000,00	nach Verhältniszahlen	1,7	0,8	3,2	7,4	4,2	2,9
Kalkulatorische Abschreibungen	20.000,00	nach Bruchzahlen	$\frac{1}{8}$	$\frac{2}{16}$	$\frac{1}{4}$	$\frac{1}{4}$	$\frac{4}{32}$	$\frac{1}{8}$
Kalkulatorische Zinsen	22.920,00	nach Köpfen	16	2	74	43	32	24
Zwischensumme								
Umlage Arbeitsvorbereitung		nach Prozentzahlen		→	25 %	5 %		
Summe der Gemeinkosten								
Zuschlagsgrundlagen								
Gemeinkostenzuschlagssätze								

Ihnen liegen zusätzlich die folgenden Angaben vor:

Minderbestand an unfertigen Erzeugnissen	30.000,00 €
Mehrbestand an fertigen Erzeugnissen	18.200,00 €
Fertigungsmaterial	400.000,00 €
Fertigungslöhne I	300.000,00 €
Fertigungslöhne II	250.000,00 €

b) Berechnen Sie die Herstellkosten des Umsatzes.

c) Ermitteln Sie für alle Hauptkostenstellen die Gemeinkosten-Zuschlagssätze.

d) Füllen Sie den BAB der Sport Equipment AG vollständig aus.

e) Warum liegt hier ein mehrstufiger und erweiteter Betriebsabrechnungsbogen vor?

Lösungen s. Seite 196

Aufgabe 18: Kostenträgerzeitrechnung (BAB 2) I

Sie sind Auszubildender zur/zum Industriekauffrau/-mann bei der Sport Equipment AG. Sie erhalten die Aufgabe den folgenden unvollständigen BAB II zu ergänzen.

Kostenträgerzeitblatt (BAB II) der Sport Equipment AG					
Angaben in €	**IST-GK-Zuschlagssatz**	**IST-Kosten**	**NORMAL-GK-Zuschlagssatz**	**NORMAL-Kosten**	**Kosten-über-/-unterdeckung**
Fertigungsmaterial		100.000,00			
+ Materialgemeinkosten	12 %		10 %		
= Materialkosten					
Fertigungslöhne		50.000,00			
+ Fertigungsgemeinkosten	110 %		100 %		
= Fertigungskosten					
= Herstellungskosten der Produktion					
+/- Minderbestand					
+/- Mehrbestand					
=					
+ Verwaltungsgemeinkosten	10 %		12 %		(+) 3.480,00
+ Vertriebsgemeinkosten	4 %		5 %		
= Selbstkosten des Umsatzes					

Kostenträgerzeitblatt (BAB II) der Sport Equipment AG					
Angaben in €	**IST-GK-Zuschlagssatz**	**IST-Kosten**	**NORMAL-GK-Zuschlagssatz**	**NORMAL-Kosten**	**Kosten-über-/-unterdeckung**
Netto-Umsatzerlöse		270.000,00			
Umsatzergebnis					
+/- Kostenüberdeckung					
+/- Kostenunterdeckung					
Betriebsergebnis					

Zusätzliche Angaben:

Mehrbestand an fertigen Erzeugnissen	3.000,00 €
Minderbestand an unfertigen Erzeugnissen	2.000,00 €

Lösungen s. Seite 200

Aufgabe 19: Kostenträgerzeitrechnung (BAB 2) II

Sie arbeiten im Rechnungswesen der Sport Equipment AG. Sie sollen mithilfe eines Kostenträgerzeitblatts eine Vor- und eine Nachkalkulation durchführen. Ihnen liegen folgende Daten vor:

Kosten	Istkosten		Über- bzw. Unterdeckung €	Normalkosten		Kostenträger	
	€	%		€	%	Produkt A €	Produkt B €
Fertigungsmaterial				1.800.000,00		800.000,00	
Materialgemeinkosten	50.000,00					40.000,00	
Materialkosten							
Fertigungslöhne						1.200.000,00	800.000,00
Fertigungsgemeinkosten			+ 200.000,00		150		
Fertigungskosten							

a) Wie viel Prozent beträgt der Materialgemeinkosten-Zuschlagssatz auf Normalkostenbasis?

b) Wie viel Euro betragen die Fertigungsgemeinkosten auf Istkostenbasis?

c) Wie viel Euro betragen die Fertigungsgemeinkosten bei Normalkosten für Kostenträger B?

Lösungen s. Seite 201

Aufgabe 20: Kostenträgerzeitrechnung (BAB 2) III

Sie arbeiten als Controller in der Sport Equipment AG. Aus der Abgrenzungstabelle und aus dem Kostenträgerzeitblatt liegen Ihnen folgende Daten vor:

Umsatzergebnis	100.000.000,00 €
Kostenüberdeckung	10.000.000,00 €
Ergebnis aus unternehmensbezogener Abgrenzung	Haben 40.000.000,00 €
Ergebnis aus kostenrechnerischen Korrekturen	Soll 30.000.000,00 €

Berechnen Sie das Gesamt- bzw. Unternehmensergebnis.

Lösung s. Seite 201

Aufgabe 21: Kostenträgerstückrechnung I

Die Sport Equipment AG erteilt der Maschinenwerke Schwäbisch Hall KG einen Auftrag für die Fertigung einer speziellen Rotationsstanzmaschine. Die Maschinenwerke Schwäbisch Hall KG kalkuliert den Angebotspreis für die Rotationsstanzmaschine anhand folgender Daten:

- Fertigungsmaterial 23.500,00 €
- Fertigungslöhne 7.000,00 €
- Materialgemeinkosten-Zuschlagssatz 30 %
- Fertigungsgemeinkosten-Zuschlagssatz 120 %
- Verwaltungsgemeinkosten-Zuschlagssatz 6 %
- Vertriebsgemeinkosten-Zuschlagssatz 4 %
- Kosten für die Konstruktionszeichnung 780,00 €
- Kosten für die Transportverpackung 400,00 €
- Gewinnaufschlag 20 %
- Kundenskonto 3 %
- Vertreterprovision 2 %
- Kundenrabatt 5 %.

Berechnen Sie aus Sicht der Maschinenwerke Schwäbisch Hall KG den Nettoangebotspreis für die Rotationsstanzmaschine.

Lösung s. Seite 202

Aufgabe 22: Kostenträgerstückrechnung II

Die Sport Equipment AG beschafft gemäß Eingangsrechnung 12345-2020 1.000 Paar Schneeschuhe der Marke „Alpin TOP" von der Adventure GmbH in Herzogenaurach.

Folgende Angaben liegen Ihnen vor:

- Listeneinkaufspreis 62.000,00 €
- Lieferantenskonto 3 %
- Lieferantenrabatt 12 %.

Die Adventure GmbH stellt der Sport Equipment AG anteilige Transportkosten von pauschal 1.500,00 € netto in Rechnung.

a) Wie hoch ist der Bezugspreis für ein Paar Schneeschuhe der Marke „Alpin TOP", wenn die Sport Equipment AG die Rechnung 12345 unter Abzug von Skonto begleicht?

b) Buchen Sie die Rechnung 12345 aus der Sicht der Sport Equipment AG (bestandsorientiert).

c) Buchen Sie die Rechnung 12345 aus der Sicht der Adventure GmbH.

d) Die Sport Equipment AG liefert 50 Paar Schneeschuhe „Alpin TOP" an den Kunden „Globetrotter Strasser e.Kfr" in Bisperode.

   Folgende Angaben liegen Ihnen vor:

   - Handlungskostenzuschlagssatz 50 %
   - Gewinnzuschlag 80 %
   - Kundenskonto 2 %
   - Kundenrabatt 6 %.

   Berechnen Sie den Angebotspreis netto für ein Paar Schneeschuhe.

e) Buchen Sie die Ausgangsrechnung aus der Sicht der Sport Equipment AG.

f) Der Kunde „Globetrotter Strasser e.Kfr." begleicht die Ausgangsrechnung [siehe Teilaufgabe e)] unter Abzug von Skonto auf den Rechnungsbetrag.

   Buchen Sie aus der Sicht der Sport Equipment AG.

Lösungen s. Seite 202

Aufgabe 23: Kostenträgerstückrechnung III

Unser Kunde Fahrradhandel Adrenalin KG in Fürth stellt eine Bestellung von 250 Bikerhelmen des Modells Olympia 2020 in Aussicht. Er verlangt jedoch einen Zielverkaufspreis inklusive 2 % Skonto von maximal 119,75 € netto. Die Selbstkosten betragen laut Kalkulation 96,82 €. Die Sport Equipment AG kalkuliert das Modell Olympia 2020 mit 25 % Gewinnaufschlag.

Um wie viel Prozentpunkte muss der Gewinnaufschlag reduziert werden, wenn man bei der Sport Equipment AG auf diese Forderung eingeht?

Lösung s. Seite 204

Aufgabe 24: Kostenträgerstückrechnung IV

Angenommen, man geht bei der Sport Equipment AG unter der Bedingung weiterer Bestellungen durch die Fahrradhandel Adrenalin KG auf die Preisforderung ein und fängt die Differenz von 3,75 € je Stück durch einen Rabatt auf, um den ursprünglichen Angebotspreis netto (Listenverkaufspreis) in Höhe von 123,50 € nicht zu verändern. Ermitteln Sie den Rabatt in Prozent, der dazu notwendig ist.

Lösung s. Seite 204

Aufgabe 25: Maschinenstundensatzrechnung

Die Sport Equipment AG kalkuliert im Bereich der Fertigung unter anderem mit Maschinenstundensätzen. Dazu werden die Fertigungsgemeinkosten (FGM) in maschinenabhängige FGK und in maschinenunabhängige FGK (Restgemeinkosten) aufgeteilt. Als kaufmännischer Mitarbeiter der Sport Equipment AG liegen Ihnen für die Hauptkostenstelle Fertigung die folgenden Kalkulationsdaten vor:

- Anschaffungskosten der Fertigungsmaschinen: 3.200.000,00 €
  Anschaffungsdatum der Maschinen: 19. Januar 2018
  Betriebgewöhnliche Nutzungsdauer gemäß AfA-Tabelle: 10 Jahre
  Wiederbeschaffungskosten der Fertigungsmaschinen: 3.440.000,00 €
  betriebsinterne Nutzungsdauer: 12 Jahre
  AfA Methode: linear
- kalkulatorische Zinsen: 8 % von den halben Anschaffungskosten
- Entgelte der kaufmännischen Angestellten: 280.000,00 €
- Arbeitgeberanteil zur SV (Lohn- und Gehaltsbereich): 490.000,00 €
- Platzkosten der Fertigungsmaschinen: Standfläche der Anlage 80 m²; Kalkulatorische Gebäudeabschreibung 750,00 €/m² monatlich; Reparatur- und Wartungskosten 150.000,00 € jährlich; Werkzeugkosten 54.000,00 € jährlich
- betriebliche Steuern jährlich: 20.000,00 €
- anteiliger jährlicher kalkulatorischer Unternehmerlohn: 40.000,00 €
- Bürokosten jährlich: 50.000,00 €
- Stromkosten der Maschinen: Maschinenleistung 400 kWh je Stunde; Arbeitspreis 0,12 €/kWh; Grundgebühr 800,00 €/Monat
- sonstige Betriebsstoffkosten je Monat: 7.500,00 €
- Maschinenlaufzeitstunden: In einer 40-stündigen Arbeitswoche läuft die Anlage durchschnittlich 37,5 Stunden; 2,5 Stunden sind erforderlich um die Anlage umzurüsten und zu reinigen. 48 Wochen im Jahr ist die Anlage im Betrieb.
- Fertigungslöhne der Hauptkostenstelle Fertigung: 3.520.000,00 €.

a) Berechnen Sie die maschinenabhängigen Fertigungsgemeinkosten in Euro.

b) Wie hoch ist der Rest-Fertigungsgemeinkostenzuschlagssatz?

c) Berechen Sie den Maschinenstundenssatz.

d) Die Sport Equipment AG fertigt im Kundenauftrag ein spezielles Profi-Surfboard für einen Teilnehmer an den Olympischen Spielen 2020 in Tokio.

Folgende Planzahlen liegen Ihnen vor:

Bearbeitungszeit	3,5 Stunden
Stundenlohn	36,00 €
Fertigungsmaterial	1.800,00 €
Gemeinkostenzuschlagssätze laut aktuellem BAB	
Material	10 %
Verwaltung	22 %
Vertrieb	10 %

Berechnen Sie die Selbstkosten des Profi-Surfboards.

Lösungen s. Seite 205

Aufgabe 26: Äquivalenzziffernrechnung

Das Unternehmen Georg Schwarzenbeck Formenbau e.Kfm. stellt für die Sport Equipment AG bestimmte Zubehörteile für Tourenski-Bindungen aus Kunststoff her.

Zur Steigerung der Ausbringungsmenge wird eine zweite Schicht geplant. So ist es möglich, neben Schienen (Artikel A) auch Verschlusskappen (Artikel B) zu fertigen. Beide Artikel werden nach Austausch der Formen an der einen Spritzgussmaschine aus dem gleichen Kunststoffgranulat jeweils in den von der Sport Equipment AG geforderten Mengen produziert.

Als kaufmännischer Mitarbeiter im Rechnungswesen des Unternehmers Georg Schwarzenbeck Formenbau e.Kfm. liegen Ihnen die folgenden Zahlen vor:

	Artikel A	**Artikel B**
Anschaffungskosten der Spritzgussformen	4.800,00 €	6.000,00 €
Ausbringungsmenge pro Stunde	1.800 Stück	1.200 Stück
Nettogewicht der Produktionsmenge pro Stunde	2.000 g	4.000 g
Monatliche Ausbringungsmenge im Zweischichtbetrieb	576.000 Stück	384.000 Stück
Selbstkosten pro Monat: 89.088,00 €		

Wegen der unterschiedlichen Kosten, bedingt vor allem durch Materialeinsatz sowie Produktions- und Umrüstzeiten, würde bei der Anwendung der Divisionskalkulation eine „ungerechte" Kostenverteilung auf die Artikel A und B vorgenommen werden.

Aufgrund von statistischem Datenmaterial wurde analysiert, dass die Gesamtkosten für die Produktion von Artikel B um 40 % höher liegen als bei Artikel A.

a) Ermitteln Sie durch Anwendung der Äquivalenzziffernrechnung die Selbstkosten je 100 Stück von Artikel A und B.

Unterstellen Sie dabei, dass dem Artikel A die Äquivalenzziffer (ÄZ) 1 zugeordnet wird. Verwenden Sie zur Lösung die folgende Tabelle:

Produkt	Mengen-Einheit (ME)	Äquivalenz-Ziffer (ÄZ)	Rechen-Einheit (RE)[1]	Kosten/RE	Kosten/Produkt	Kosten/ME
A						
B						
Summe						

b) Bei welchen „internen" Rahmenbedingungen in einem Industriebetrieb ist die Anwendung der Äquivalenzziffernrechnung zu empfehlen. Nennen Sie in diesem Zusammenhang auch konkrete Beispiele und Branchen.

Lösungen s. Seite 206

Aufgabe 27: Deckungsbeitragsrechnung I (Break-even-Analyse)

Die Sport Equipment AG bezieht Outdoor-Schuhe von der Hamelner Schuhfabrik GmbH. Sie arbeiten als Industriekauffrau/-mann in der Controllingabteilung der Hamelner Schuhfabrik GmbH. Ihr Unternehmen plant, ein leerstehendes Gebäude in der Gemeinde Bisperode zu mieten, um dort eine Produktionsstätte zur Fertigung von hochwertigen Outdoor-Schuhen für Kinder zu errichten.

Ihnen liegen für den Abrechnungsmonat März die folgenden Planzahlen vor:

- Kurzfristig unbeeinflussbare, ohne Rücksicht auf die Produktionsmenge anfallende Kosten (z. B. Gehälter, Gebäudemiete, Grundsteuer) in Höhe von 120.000,00 € je Abrechnungsmonat.
- Von der Produktionsmenge abhängige Kosten (z. B. Fertigungsmaterial, Fertigungslöhne) je Paar Outdoor-Schuhe: 60,00 €.
- Der Verkaufpreis je Paar Outdoor-Schuhe beträgt 100,00 €.

Ermitteln Sie sowohl rechnerisch als auch grafisch die Absatzmenge, ab der sich die Produktion der Outdoor-Schuhe für Kinder lohnt.

Lösungen s. Seite 207

[1] RE = ÄZ • ME

Aufgabe 28: Deckungsbeitragsrechnung II (Preisuntergrenzen)

Die Hamelner Schuhfabrik GmbH steht vor der Entscheidung, welcher Verkaufspreis für ein Paar Outdoor-Schuhe am Markt mindestens zu erzielen ist. Grundsätzlich besteht die Möglichkeit, die Schuhe zur

- kurzfristigen (absoluten) Preisuntergrenze oder
- langfristigen Preisuntergrenze anzubieten.

Was versteht man unter diesen beiden Preisuntergrenzen?

Lösungen s. Seite 208

Aufgabe 29: Deckungsbeitragsrechnung III (Optimales Produktionsprogramm ohne Engpass)

Die Hamelner Schuhfabrik GmbH fertigt drei verschiedene Arten von Kinderschuhen: Outdoor-Schuhe, Sneaker und Turnschuhe. Sie arbeiten als Industriekauffrau/-mann im Controlling der Hamelner Schuhfabrik GmbH. Ihnen liegen die folgenden Zahlen vor:

Produkte	Outdoor-Schuhe	Sneaker	Turnschuhe
Verkaufspreis je Paar	100,00 €	70,00 €	85,00 €
Stückvariable Kosten je Paar	60,00 €	34,00 €	42,00 €
Geplante Absatzmenge	4.000 Stück	6.000 Stück	7.000 Stück
Unternehmensfixe Kosten	427.000,00 €		
Kapazitätsengpass	liegt nicht vor		

Bestimmen Sie die Reihenfolge des optimalen Produktionsprogramms und errechnen Sie anschließend das Betriebsergebnis.

Lösungen s. Seite 209

Aufgabe 30: Deckungsbeitragsrechnung IV (Optimales Produktionsprogramm mit Engpass)

Die Hamelner Schuhfabrik GmbH fertigt drei verschiedene Arten von Kinderschuhen: Outdoor-Schuhe, Sneaker und Turnschuhe. Sie arbeiten als Industriekauffrau/-mann im Controlling der Hamelner Schuhfabrik GmbH. Ihnen liegen die folgenden Zahlen vor:

Produkte	Outdoor-Schuhe	Sneaker	Turnschuhe
Verkaufspreis je Paar	100,00 €	70,00 €	85,00 €
Stückvariable Kosten je Paar	60,00 €	34,00 €	42,00 €
Geplante Absatzmenge	4.000 Stück	6.000 Stück	7.000 Stück
Fertigungszeit je Paar	30,00 Min	13,60 Min	26,25 Min
Unternehmensfixe Kosten			427.000,00 €
Kapazitätsengpass	Fertigungszeit beträgt insgesamt max. 6.000 Stunden		

Bestimmen Sie die Reihenfolge des optimalen Produktionsprogramms und errechnen Sie anschließend das Betriebsergebnis.

Lösungen s. Seite 210

Aufgabe 31: Deckungsbeitragsrechnung V (Mehrstufige Deckungsbeitragsrechnung)

Bisher hat die Hamelner Schuhfabrik GmbH die fixen Kosten in Höhe von 427.000,00 € immer „en bloc" als unternehmensfixe Kosten betrachtet. Unternehmen, die mehrere Produkte herstellen, können die fixen Kosten aber noch detaillierter aufteilen.

Es besteht beispielsweise die Möglichkeit die fixen Kosten in

- erzeugnisfixe
- erzeugnisgruppenfixe
- unternehmensfixe

Kosten zu untergliedern und somit die Deckungsbeiträge I, II und III zu berechnen.

Die fixen Kosten in Höhe von 427.000,00 € teilen sich wie folgt auf:

Beträge in €	Outdoor-Schuhe	Sneaker	Turnschuhe
Erzeugnisfixe Kosten	30.000,00	40.000,00	50.000,00
Erzeugnisgruppenfixe Kosten	80.000,00		0,00
Unternehmensfixe Kosten	227.000,00		

Gehen Sie von den Verkaufspreisen, den Kosten und den geplanten Absatzmengen von Aufgabe 29 aus.

Ermitteln Sie das Betriebsergebnisses nach der stufenweisen Fixkostendeckung.

Lösung s. Seite 211

Aufgabe 32: Deckungsbeitragsrechnung VI (Annahme von Zusatzaufträgen)

Die Hamelner Schuhfabrik GmbH erhalten von der Sport Equipment AG in Erlangen eine Anfrage über einen kurzfristigen Großauftrag über 10.000 Paar Kinder-Turnschuhe. Die Sport Equipment AG ist maximal bereit, für ein Paar Turnschuhe einen Preis in Höhe von 62,00 € zu akzeptieren. Laut Auskunft des Abteilungsleiters der Fertigungssteuerung könnte man den Auftrag annehmen, da die Kapazitäten aktuell nicht ausgelastet sind.

Als Controller der Hamelner Schuhfabrik GmbH liegen Ihnen die folgenden Zahlen vor:

Produkte	Outdoor-Schuhe	Sneaker	Turnschuhe
Verkaufspreis je Paar	100,00 €	70,00 €	85,00 €
Stückvariable Kosten je Paar	60,00 €	34,00 €	42,00 €
Stückkosten insgesamt	90,00 €	60,00 €	75,00 €
Freie Kapazitäten	1.000 Stück	keine	15.000 Stück

Lohnt sich für die Hamelner Schuhfabrik GmbH die Annahme dieses Auftrags?

Lösung s. Seite 212

Aufgabe 33: Plankostenrechnung I

Neben der Istkostenrechnung führt die Sport Equipment AG auch eine Plankostenrechnung auf Vollkostenbasis durch.

Die gesamten Plankosten bei Planbeschäftigung in der Kostenstelle „Arbeitsvorbereitung“ wurden Ihnen mit 45.000,00 € angegeben. Darin enthalten sind variable Plankosten in Höhe von 32.200,00 €.

Wie hoch sind die Sollkosten

a) bei einer Istbeschäftigung von 90 %?

b) bei einer Istbeschäftigung von 108 %?

Für die Kostenstelle „Lackieren“ liegen Ihnen die folgenden Planzahlen vor:

Variable Plankosten	78.000,00 €
Sollkosten	147.660,00 €
Plankosten	150.000,00 €

c) Mit welchem Istbeschäftigungsgrad hat die Sport Equipment AG geplant?

Lösungen s. Seite 213

Aufgabe 34: Plankostenrechnung II

Die Kostenstelle Fertigung der Sport Equipment AG weist im Monat September gesamte Plankosten von 180.000,00 € bei einer Planbeschäftigung von 3.000 Stunden aus.

a) Berechnen Sie den Plankostenverrechnungssatz in Euro/Stunde.

b) 111.000,00 € der gesamten Plankosten sind variabel. Berechnen Sie die Sollkosten in Euro bei Planbeschäftigung von 3.000 Stunden.

c) Berechnen Sie die Sollkosten in Euro, wenn im Monat Oktober eine Istbeschäftigung von 2.400 Stunden erreicht wird.

d) Berechnen Sie die Beschäftigungsabweichung [siehe Teilaufgabe c)] in Prozent und in Euro.

INFO

	Verrechnete Plankosten bei Istbeschäftigung
-	Sollkosten bei Istbeschäftigung
=	**Beschäftigungsabweichung**

e) Berechen Sie die Verbrauchsabweichung in Euro, wenn im Oktober eine Istbeschäftigung von 2.400 Stunden erreicht wird, sowie Istkosten von 170.000,00 € anfallen.

INFO

	Istkosten bei Istbeschäftigung
-	Sollkosten bei Istbeschäftigung
=	**Verbrauchsabweichung**

f) Berechnen Sie die Sollkosten in Euro, wenn die Beschäftigung im Monat Oktober um 7 % ansteigt.

Lösungen s. Seite 213

1. Grundlagen der Buchführung

Lösungen zu Aufgabe 1: Inventur und Inventurverfahren

a) Falsch sind folgende Aussagen:

Die Inventur weist am Bilanzstichtag alle Vermögens- und Schuldposten der Sport Equipment AG, gegliedert nach Art, Menge und Wert aus.

→ Falsch ist „gegliedert nach Menge und Wert...“

Die Inventur ist ein ausführlich kommentiertes Bestandsverzeichnis aller Vermögens- und Schuldposten in Staffelform zur Ermittlung des Reinvermögens.

→ Falsch ist „ausführlich kommentiertes...“

Die Inventur ist die mengen- und wertmäßige Bestandsaufnahme aller Vermögensposten und Schuldposten zu einem festen Zeitpunkt.

→ Falsch ist „zu einem festen Zeitpunkt.“

Das Inventar ist die Grundlage für die Durchführung einer Inventur.

→ Falsch ist „Das Inventar ist die Grundlage...“, denn das Inventar ist letztlich das Ergebnis der Inventur.

b) Diese Aussage zur permanenten Inventur ist richtig:

Zu- und Abgänge von Vorräten werden durch laufende Mengenfortschreibungen in der Lagerdatei erfasst. Alle Bestände müssen mindestens einmal im Jahr körperlich aufgenommen und mit den Sollbeständen der Lagerdatei verglichen werden.

c) Inventurverfahren

Richtige Zuordnung:

5. kein Inventurverfahren:
Die Inventur kann nur in dem Zeitraum von zwei Monaten vor oder drei Monaten nach dem Bilanzstichtag erfolgen.

5. kein Inventurverfahren:
Die Inventur hat an einem vom zuständigen Finanzamt festgelegten Tag zu erfolgen.

3. permanente Inventur:
Die Zu- und Abgänge werden ständig in einer Datei aufgezeichnet; mindestens einmal im Geschäftsjahr, zu einem beliebigen Zeitpunkt, erfolgt eine körperliche Bestandsaufnahme.

2. verlegte Inventur:
Die Inventur kann nur in dem Zeitraum von drei Monaten vor oder zwei Monaten nach dem Bilanzstichtag erfolgen.
2. verlegte Inventur:
Die Inventur erfolgt zum Abschluss des Geschäftsjahres zeitnah zum Bilanzstichtag (20 Tage vor oder nach dem Bilanzstichtag).
1. zeitnahe Stichtagsinventur:
Die Inventur erfolgt zum Abschluss des Geschäftsjahres zeitnah zum Bilanzstichtag (zehn Tage vor oder nach dem Bilanzstichtag).
2. verlegte Inventur:
Die Inventur wird vom Ende des Geschäftsjahres (31.12.) auf den 20.01. des neuen Geschäftsjahres verlegt.
5. kein Inventurverfahren:
Die Bestandsaufnahme erfolgt drei Monate nach dem Bilanzstichtag.
1. zeitnahe Stichtagsinventur:
Die Inventur wird vom Ende des Geschäftsjahres (31.12.) auf den 10.01. des neuen Geschäftsjahres verlegt.

d) Inventurbestand

Datum	Anzahl der Kartons	Waren netto in €	Gesamtwert in €
02.02.2020	4.000	5,00	20.000,00
15.04.2020	2.000	5,60	11.200,00
02.06.2020	3.000	5,25	15.750,00
12.08.2020	4.500	5,50	24.750,00
14.10.2020	3.200	5,60	17.920,00
04.12.2020	1.600	5,80	9.280,00
Summe	18.300		98.900,00

Gewogener Durchschnitt: 98.900,00 € : 18.300 Kartons = **5,40 € je Karton**

Inventurbestand: 5,40 € • 448 Kartons = **2.419,20 €**

Lösungen zu Aufgabe 2: Inventar

a) Reinvermögen

	22.800.900,00 €	Vermögen
-	6.664.400,00 €	Schulden
=	**16.136.500,00 €**	**Reinvermögen**

b) Anlagevermögen

8.200.000,00 € + 5.800.000,00 € + 2.961.800,00 € = 16.961.800,00 €

Lösungen zu Aufgabe 3: Bilanz

a) Diese Aussagen zur Bilanz sind richtig (R) bzw. falsch (F):

1. F	5. R	9. R	13. R
2. F	6. F	10. F	14. F
3. F	7. R	11. F	15. R
4. R	8. R	12. R	

b) Richtig ist folgende Aussage: Eine Aktiv-Passiv-Mehrung erhöht die Bilanzsumme.

c) Folgende Geschäftsfälle bewirken diese Bilanzveränderung:

Geschäftsfall	Bilanzveränderung	Begründung
Kauf eines Notebooks (kein GWG) auf Ziel	3. Aktiv-Passiv-Mehrung	Das Anlagevermögen (Aktiva) und die Verbindlichkeiten (Passiva) nehmen zu.
Teilweise Tilgung eines Darlehens durch Abbuchung vom Konto Bankguthaben	4. Aktiv-Passiv-Minderung	Das Bankkonto (Aktiva) und die Darlehensschuld (Passiva) nehmen ab.
Zahlungseingang einer Forderung auf dem Konto Bankguthaben.	1. Aktivtausch	Das Konto Forderungen (Aktiva) nimmt ab und das Konto Bankguthaben (Aktiva) nimmt zu.
Verkauf eines gebrauchten Anlagegutes gegen sofortige Barzahlung	1. Aktivtausch	Das Anlagekonto (Aktiva) nimmt ab und das Konto Kasse (Aktiva) nimmt zu.
Tilgung einer Verbindlichkeit gegenüber einem Lieferanten durch einen kurzfristigen Kredit bei der Bank	2. Passivtausch	Das Konto Verbindlichkeiten a. LL (Passiva) nimmt ab und das Konto Bankverbindlichkeiten (Passiva) nimmt zu.
Ausgangsrechnung für Fertigerzeugnisse (Zielgeschäft)	3. Aktiv-Passiv-Mehrung	Die Forderungen (Aktiva) nehmen zu, das Eigenkapital (Passiva) nimmt durch die Umsatzerlöse ebenfalls zu.

Lösungen zu Aufgabe 4: Aufbewahrungsfristen

So lange muss die Sport Equipment AG folgende Unterlagen bzw. Aufzeichnungen mindestens aufbewahren:

a) Bilanz zum 31.12.2016 für das Geschäftsjahr 2016

zehn Jahre, bis 31.12.2026

b) Kontoauszug vom 04.03.2018

zehn Jahre, bis 31.12.2028

c) Telefax vom 19.01.2019 über eine Anfrage bei einem Lieferanten

sechs Jahre, 31.12.2025

d) Eingangsrechnung 12345 vom 15.10.2018

zehn Jahre, bis 31.12.2028

e) Die Gewinn- und Verlustrechnung für das Geschäftsjahr 2014 wurde am 02.02.2015 erstellt.

zehn Jahre, bis 31.12.2025

Lösungen zu Aufgabe 5: Bestandskonten

a) So haben Sie richtig entschieden:

3. Einkauf von Rohstoffen auf Ziel

4. Ausgleich einer gebuchten Eingangsrechnung am Ende des Zahlungszieles durch Überweisung vom Bankkonto

2. Erhöhung der kurzfristigen Verbindlichkeiten bei der Bank, um eine Verbindlichkeit gegenüber einem Lieferanten innerhalb der Skontofrist durch Überweisung auszugleichen

1. Zahlungseingang einer Forderung gegenüber einem Kunden auf dem Bankkonto

3. Aufnahme eines mittelfristigen Darlehens bei der Bank zur teilweisen Finanzierung einer Lagerhalle

1. Einkauf eines Monitors gegen sofortige Belastung des Bankkontos im Rahmen des Electronic-Cash-Verfahrens

1. Die Tageseinnahmen aus dem Werksverkauf werden aus der Kasse entnommen und auf das Bankkonto einbezahlt.

b) Diese Aussagen sind richtig:

- [x] Die Anfangsbestände der Bestandskonten werden aus der Bilanz übernommen.
- [x] Aktive Bestandskonten werden auf ihrer Sollseite mit dem Anfangsbestand eröffnet.
- [ ] Bei passiven Bestandskonten erscheint der Endbestand auf der Habenseite.
- [x] Bei aktiven Bestandskonten werden die Zunahmen im Soll verbucht.
- [ ] Ein systematischer Buchungssatz spricht zuerst die Habenseite und dann die Sollseite an.

☐ Das Eröffnungsbilanzkonto entspricht einer Bilanz am Beginn eines Geschäftsjahres.

☒ Eröffnungs- und Schlussbilanzkonten weisen statt der Aktiv- und Passivseite Soll- und Habenseiten auf.

☐ Die Gliederung des Eröffnungsbilanzkontos ist durch das HGB vorgegeben.

☐ Die GoB haben auf die Bilanzkonten keinen Einfluss.

c) So sind Ihre Buchungen richtig:

Geschäftsfall	Buchung
Eingangsrechnung über Rohstoffe, zuzüglich USt	**2** **4** an **1**
Eingangsrechnung für einen Pkw, zuzüglich USt	**10** **4** an **1**
Abbuchung der monatlichen Tilgung für ein langfristiges Darlehen vom Bankkonto	**5** an **8**
Ein Kunde überweist seine fällige Rechnung	**8** an **11**
Eingansrechnung für Handelswaren, zuzüglich USt	**7** **4** an **1**
Bareinzahlung auf das Bankkonto	**8** an **9**
Kauf eines Grundstücks durch ein Bankdarlehen	**6** an **5**
Ausgleich einer Eingangsrechnung über Rohstoffe durch Überweisung vom Bankkonto	**1** an **8**

Lösungen zu Aufgabe 6: Erfolgskonten

a) So haben Sie richtig entschieden:

R ☐ F ☒ Erfolgskonten weisen einen Anfangsbestand und einen Schlussbestand auf.

R ☒ F ☐ Die Salden der Erfolgskonten werden auf das GuV-Konto übertragen.

R ☒ F ☐ Aufwendungen werden immer im Soll gebucht.

R ☒ F ☐ Erträge erhöhen das Eigenkapital.

R ☒ F ☐ Eine zu bezahlende Miete stellt einen Aufwand dar.

R ☐ F ☒ Umsatzerlöse sind Aufwendungen.

R ☒ F ☐ Das GuV-Konto wird auf das Konto Eigenkapital abgeschlossen.

R ☐ F ☒ Wenn das Eigenkapital am Ende eines Geschäftsjahres geringer ist als das Eigenkapital am Beginn des Geschäftsjahres, wurde ein Gewinn erwirtschaftet. (In diesem Fall wird ein Verlust erwirtschaftet.)

b) So haben Sie richtig entschieden:

A ☒ E ☐ 0 ☐ Abbuchung der Miete für eine Lagerfläche vom Bankkonto

A ☐ E ☐ 0 ☒ Bareinzahlung auf das Konto Bankguthaben (Hier sind zwei Bestandskonten angesprochen, nämlich Kasse und Bankguthaben.)

A ☒ E ☐ 0 ☐ Überweisung der Gehälter auf die Bankkonten der Beschäftigten

A ☒ E ☐ 0 ☐ Belastung der Bank für Zinsen für ein Darlehen

A ☐ E ☐ 0 ☒ Belastung der Bank für eine Tilgungsrate für ein Darlehen (Tilgung ist die Rückzahlung eines Darlehens. Dadurch werden die Verbindlichkeiten gegenüber der Bank geringer und das Konto Bankguthaben nimmt ebenfalls ab. Beides sind Bestandskonten.)

A ☒ E ☐ 0 ☐ Entnahme von Rohstoffen aus dem Lager für die Fertigung

A ☒ E ☐ 0 ☐ Eingangsrechnung für die Reparatur der Alarmanlage

A ☐ E ☒ 0 ☐ Gutschrift auf dem Konto Bankguthaben für eine Geldanlage

A ☐ E ☒ 0 ☐ Verkauf von Fertigerzeugnissen auf Ziel

c) Folgende Erfolgskonten weisen diese Summen auf. Ermitteln Sie den Saldo, der sich auf dem G u V-Konto nach der Übertragung der Summen ergibt und geben Sie an, wie sich das Ergebnis auf das Eigenkapital auswirkt.

Konto	Summe Soll in €	Summe Haben in €
Zinsaufwand	5.000,00	
Zinsertrag		7.500,00
Umsatzerlöse		500.000,00
Gehälter	70.000,00	
Mietaufwand	8.000,00	
Fremdinstandhaltung	3.500,00	
Summen	**86.500,00**	**507.500,00**
Saldo	**421.000,00**	

Es handelt sich um einen Gewinn in der Höhe von 421.000,00 €. Er führt zu einer Mehrung des Eigenkapitals.

d) Der Eigenkapitalvergleich ergibt folgendes Ergebnis:

	Eigenkapital am Ende des Geschäftsjahres	16.880.000,00 €
-	Eigenkapital zu Beginn des Geschäftsjahres	15.686.500,00 €
=	**Zunahme, d. h. Gewinn**	**1.193.500,00 €**

Lösungen zu Aufgabe 7: Bestandsveränderungen

a) Aussagen zu Bestandsveränderungen:

R ☒ F ☐ Bestandsveränderungen müssen immer gebucht werden, wenn die Produktionsmenge mit der Absatzmenge nicht übereinstimmt.

R ☐ F ☒ Noch ausstehende Umsatzerlöse wirken sich nicht auf das Ergebnis aus, weshalb eine Korrektur nicht notwendig ist.

R ☒ F ☐ Eine Bestandsminderung liegt vor, wenn in der aktuellen Abrechnungsperiode Bestände aus der vorhergehenden Abrechnungsperiode verkauft werden.

R ☐ F ☒ Die Korrekturbuchungen der Bestandsveränderungen erfolgen zu Verkaufspreisen.

R ☒ F ☐ Bestandsveränderungen werden bei fertigen und unfertigen Erzeugnissen gebucht.

R ☒ F ☐ Bestandsveränderungen werden auf einem Erfolgskonto erfasst.

b) ☒ Bei den unfertigen Erzeugnissen handelt es sich um einen Minderbestand, da der Schlussbestand geringer als der Anfangsbestand ist.

☐ Bei den unfertigen Erzeugnissen handelt es sich um einen Mehrbestand.

☐ Bei den fertigen Erzeugnissen handelt es sich um einen Minderbestand.

☒ Bei den fertigen Erzeugnissen handelt es sich um einen Mehrbestand, da der Schlussbestand höher als der Anfangsbestand ist.

c) Das Ergebnis erhöht sich um 30.000,00 €.

Durch die Buchung bei den unfertigen Erzeugnissen wird das Ergebnis zunächst um 20.000,00 € gemindert, durch die Ertragsbuchung bei den fertigen Erzeugnissen aber wieder um 50.000,00 € erhöht. Dadurch ergibt sich eine Ergebniserhöhung um 30.000,00 €.

d) Richtige Buchungen:

☒	2100 Unfertige Erzeugnisse an 5201 Bestandsveränderungen	40.000,00 €
☒	5201 Bestandsveränderungen an 2200 Fertige Erzeugnisse	30.000,00 €

2. Umsatzsteuer im Einkauf und Verkauf

Lösungen zu Aufgabe 1: Umsatzsteuerpflichtige Umsätze

- ☒ Einkauf von Rohstoffen in Aachen
- ☐ Aufnahme eines Darlehens bei einer Bank (Geldgeschäfte sind USt-frei)
- ☒ Verkauf von Fertigerzeugnissen an einen Kunden in München
- ☐ Zinsgutschrift der Bank für eine Geldanlage (Geldgeschäfte sind USt-frei)
- ☒ Verkauf eines gebrauchten Personal Computers an einen Mitarbeiter
- ☐ Miete für einen vermieteten Geschäftsraum (Mieten sind USt-frei)
- ☒ Telefonrechnung der Telefongesellschaft
- ☒ Belastung der Bank für Depotgebühren
- ☒ Honorarrechnung eines Rechtsanwalts

Lösungen zu Aufgabe 2: Ausweis der Umsatzsteuer auf Rechnungen

- ☐ Die Umsatzsteuer muss immer getrennt ausgewiesen werden.
- ☐ Man kann im Rechnungswesen zwischen dem Brutto- und Nettoverfahren wählen.
- ☒ Die Umsatzsteuer muss bis auf eine Ausnahme immer getrennt vom Warenwert ausgewiesen werden.
- ☐ Bei Rechnungen bis zu einem Wert von 1.000,00 € muss die Umsatzsteuer nicht gesondert ausgewiesen werden.
- ☒ Bei Rechnungen bis zu einem Wert von 150,00 € kann auf den Ausweis der Umsatzsteuer verzichtet werden.
- ☒ Wenn die Umsatzsteuer nicht gesondert ausgewiesen wird, muss zwingend der entsprechende Steuersatz angegeben sein.

Lösung zu Aufgabe 3: Abführung der Umsatzsteuer

- ☐ Die Umsatzsteuer wird am 15. des Folgemonats an das Finanzamt überwiesen.
- ☒ Das Finanzamt fordert von den Unternehmen eine Umsatzsteuervoranmeldung, die in der Regel monatlich erfolgen muss.
- ☒ Einmal pro Jahr muss eine Umsatzsteuerjahreserklärung an das Finanzamt übermittelt werden.
- ☒ Stichtag für die monatliche Voranmeldung ist immer der 10. des Monats.

Lösungen zu Aufgabe 4: Die Umsatzsteuer – ein durchlaufender Posten

a) Sie wird deshalb als durchlaufender Posten bezeichnet, da sie nur solange im Unternehmen verbleibt, bis sie am Steuertermin an das Finanzamt überwiesen wird. Sie ist völlig kostenneutral, da sie weder einen Ertrag, noch einen Aufwand darstellt.

b) Nach der Erhebung ist sie eine indirekte Steuer, da sie mit den Verkaufspreisen automatisch entrichtet wird.

Lösungen zu Aufgabe 5: Vorsteuer

☒ Die Vorsteuer wird auf dem Konto 2600 Vorsteuer im Soll gebucht.

☐ Die Summe der Vorsteuer ist immer geringer als die Summe der Umsatzsteuer (wenn die Einkäufe im Abrechnungszeitraum höher als die Umsätze sind, dann ist die Vorsteuer höher, was durchaus vorkommen kann).

☒ Die Vorsteuer stellt eine Forderung gegenüber dem Finanzamt dar.

☐ Die Vorsteuer bezeichnet man auch als Zahllast.

☒ Die Vorsteuer wird zum Steuertermin mit der Umsatzsteuer verrechnet.

☐ Ein Vorsteuerüberhang liegt vor, wenn die Summe der Vorsteuer am Steuertermin geringer ist als die Summe der Umsatzsteuer. (In diesem Fall handelt es sich um eine Zahllast, also genau um das Gegenteil.)

Lösungen zu Aufgabe 6: Buchungen

a)

Konto-Nr.	Kontobezeichnung	Soll €	Haben €
2000	Rohstoffe	15.000,00	
2600	Vorsteuer	2.850,00	
4400	Verbindlichkeiten a. LL		17.850,00

b)

Konto-Nr.	Kontobezeichnung	Soll €	Haben €
6800	Büromaterial	12,00	
2600	Vorsteuer	0,84	
2880	Kasse		12,84

c)

Konto-Nr.	Kontobezeichnung	Soll €	Haben €
6830	Aufwendungen für Telekommunikation	155,00	
2600	Vorsteuer	29,45	
2800	Bank		184,45

d)

Konto-Nr.	Kontobezeichnung	Soll €	Haben €
0860	Büromaschinen	195,00	
2600	Vorsteuer	37,05	
4400	Verbindlichkeiten a. LL		232,05

e)

Konto-Nr.	Kontobezeichnung	Soll €	Haben €
2400	Forderungen a. LL	29.750,00	
5000	Umsatzerlöse		25.000,00
4800	Umsatzsteuer		4.750,00

f)

Konto-Nr.	Kontobezeichnung	Soll €	Haben €
6810	Aufwendungen für Fachliteratur	120,00	
2600	Vorsteuer	8,40	
2800	Bank		128,40

g)

Konto-Nr.	Kontobezeichnung	Soll €	Haben €
2000	Rohstoffe	17.850,00	
4400	Verbindlichkeiten a. LL		17.850,00

h)

Konto-Nr.	Kontobezeichnung	Soll €	Haben €
2400	Forderungen a. LL	29.750,00	
5000	Umsatzerlöse		29.750,00

i)

Konto-Nr.	Kontobezeichnung	Soll €	Haben €
2600	Vorsteuer	2.850,00	
2000	Rohstoffe		2.850,00

j)

Konto-Nr.	Kontobezeichnung	Soll €	Haben €
5000	Umsatzerlöse	4.750,00	
4800	Umsatzsteuer		4.750,00

Lösungen zu Aufgabe 7: Verrechnung der Steuerkonten

a) Das Konto Umsatzsteuer weist einen höheren Wert als das Konto Vorsteuer aus. Deshalb müssen 56.000,00 € auf das Konto Umsatzsteuer umgebucht werden:

Konto-Nr.	Kontobezeichnung	Soll €	Haben €
4800	Umsatzsteuer	56.000,00	
2600	Vorsteuer		56.000,00

Nach dieser Buchung weist das Konto Umsatzsteuer folgende Beträge aus:

	Soll	56.000,00 €
-	Haben	124.000,00 €
=	**Saldo Soll**	**68.000,00 €**

Der Saldo in Höhe von 68.000,00 € stellt die Zahllast gegenüber dem Finanzamt dar. Dies ist die aktuelle Verbindlichkeit, die sich durch die Verrechnung der (bezahlten) Vorsteuer mit der (vereinnahmten) Umsatzsteuer ergibt. Dieser Betrag muss am 10. dieses Monats an das Finanzamt überwiesen werden.

Konto-Nr.	Kontobezeichnung	Soll €	Haben €
4800	Umsatzsteuer	68.000,00	
2800	Bank		68.000,00

Nach diesen Buchungen sind die Steuerkonten aktuell ausgeglichen und weisen einen Saldo von 0,00 € aus. Sie werden jedoch durch laufende Einkäufe und Verkäufe sofort wieder mit entsprechenden Beträgen „gefüllt".

b) Das Konto Vorsteuer weist einen höheren Wert als das Konto Umsatzsteuer aus. Deshalb müssen 24.000,00 € auf das Konto Vorsteuer umgebucht werden:

Konto-Nr.	Kontobezeichnung	Soll €	Haben €
4800	Umsatzsteuer	24.000,00	
2600	Vorsteuer		24.000,00

Nach dieser Buchung weist das Konto Vorsteuer folgende Beträge aus:

	Soll	56.000,00 €
-	Haben	24.000,00 €
=	**Saldo Soll**	**32.000,00 €**

Den Saldo in Höhe von 32.000,00 € bezeichnet man als Vorsteuerüberhang. Es handelt sich um eine Forderung gegenüber dem Finanzamt, die sich durch die Verrechnung der (bezahlten) Vorsteuer mit der (vereinnahmten) Umsatzsteuer ergibt. Dieser Betrag muss zunächst auf das Konto Sonstige Forderung an Finanzbehörden umgebucht werden.

Konto-Nr.	Kontobezeichnung	Soll €	Haben €
2630	Sonstige Forderungen gegenüber Finanzbehörden	32.000,00	
2600	Vorsteuer		32.000,00

Nach diesen Buchungen sind die Steuerkonten aktuell ausgeglichen und weisen einen Saldo von 0,00 € aus. Nach dem Zahlungseingang erfolgt die Buchung auf dem Konto Bankguthaben.

Konto-Nr.	Kontobezeichnung	Soll €	Haben €
2800	Bank	32.000,00	
2630	Sonstige Forderungen gegenüber Finanzbehörden		32.000,00

c) Die Konten Vorsteuer und Umsatzsteuer sind Bestandskonten, was man an den Kontenklassen bereits erkennt. Sie müssen daher mit ihren aktuellen Schlussbeständen in der Bilanz ausgewiesen werden.

Da diese Konten jedoch in der Bilanz nicht als offizieller Posten vorgesehen sind, müssen die Konten 2600 Vorsteuer und 4800 Umsatzsteuer, wie am Steuertermin (10. des Monats) miteinander verrechnet werden. Im Falle einer Zahllast wird diese umgebucht auf das Konto 4830 sonstige Verbindlichkeiten gegenüber Finanzbehörden.

Ein Vorsteuerüberhang wird auf das Konto 2630 sonstige Verbindlichkeiten gegenüber Finanzbehörden umgebucht.

3. Buchungen und Berechnungen bei Beschaffungsprozessen

Lösung zu Aufgabe 1: Schema der einfachen Bezugskalkulation

	Listeneinkaufspreis netto
-	Lieferantenrabatt
=	Zieleinkaufspreis
-	Lieferantenskonto
=	Bareinkaufspreis
+	Bezugskosten
=	**Bezugspreis (Einstandspreis)**

ACHTUNG

Die Reihenfolge der Kalkulation müssen Sie unbedingt einhalten. Es kann aber sein, dass einzelne Positionen, wie Rabatt, Skonto oder Bezugskosten in einer Aufgabe nicht vorhanden sind. Das ändert jedoch nichts an der Reihenfolge.

Lösungen zu Aufgabe 2: Gewichts- und Wertspesen

G Bahnfrachten

G Verlade- und Umladekosten

W Versicherungen

G Lagerkosten

G Gebühren für Paketdienste

W Einfuhrzoll

W Provisionen für Handelsvertreter

Lösung zu Aufgabe 3: Berechnung des Bezugspreises (Einstandspreises)

3.200 kg + 4.000 kg = 7.200 kg   936,00 € : 7.200 kg = **0,13 €/kg**

23.600,00 € + 29.400,00 € = 53.000,00 €   1.192,50 € : 53.000,00 € = **0,0225 €**

	Bareinkaufspreis	29.400,00 €
+	Frachtkosten (0,13 • 4.000)	520,00 €
+	Versicherungskosten (0,0225 • 29.400,00)	661,50 €
=	Bezugspreis (Einstandspreis)	30.581,50 €
=	**Bezugspreis (Einstandspreis) für 1 kg**	**7,65 €**

Lösungen zu Aufgabe 4: Verteilung der Gewichts- und Wertspesen

a) Verteilung der Gewichtsspesen:

Die Lkw-Fracht beträgt 1.500,00 € netto (1.785,00 : 119 • 100). Zu den Gewichtsspesen zählen außerdem die Kosten für die Verladung in Höhe von 120,00 €.

Die Gewichtsspesen werden auf die Stückzahl verteilt:

- Gewichtsspesen je Stück: 1.620,00 € : 75 Stück = 21,60 € pro Bauteil

Fremdbauteil	Stück	Gewichtsspesen je Stück	Gewichtsspesen je Fremdbauteil
A	20	21,60 €	**432,00 €**
B	18	21,60 €	**388,80 €**
C	37	21,60 €	**799,20 €**
Summe	75		1.620,00 €

b) Verteilung der Wertspesen:

Wertspesen sind hier Verpackung und Transportversicherung in Höhe von insgesamt 750,00 €. Sie werden auf den Wert der einzelnen Bauteile verteilt. Dazu muss man vorher den Gesamtwert der Lieferung ermitteln.

Fremdbauteil	Stück	Einzelpreis	Gesamtpreis	8 % Rabatt	Gesamtpreis nach Rabattabzug
A	20	260,00 €	5.200,00 €	416,00 €	4.784,00 €
B	18	310,00 €	5.580,00 €	446,40 €	5.133,60 €
C	37	240,00 €	8.880,00 €	710,40 €	8.169,60 €
Summe					18.087,20 €

- Wertspesen je Stück: 750,00 € : 18.087,20 € = 0,04146578796 € (ungerundet)

Fremdbauteil	Warenwert	Wertspesen je 1,00 €	Wertspesen je Fremdbauteil
A	4.784,00 €	0,04146578796 €	**198,37 €**
B	5.133,60 €	0,04146578796 €	**212,87 €**
C	8.169,60 €	0,04146578796 €	**338,76 €**
Summe	18.087,20 €		750,00 €

c) Gesamte Bezugskosen für die einzelnen Fremdbauteile:

Fremdbauteil	Gewichtsspesen	Wertspesen	Spesen gesamt
A	432,00 €	198,37 €	**630,37 €**
B	388,80 €	212,87 €	**601,67 €**
C	799,20 €	338,76 €	**1.137,96 €**
Summe	1.620,00 €	750,00 €	2.370,00 €

TIPP

In der Prüfung ist in der Regel bei der Aufgabenstellung angegeben, ob Sie Zwischenergebnisse oder nur das Endergebnis runden sollen.

Lösung zu Aufgabe 5: Angebotsvergleich

Lieferant (Angebot) A:

	Listeneinkaufspreis	36.000,00 €
-	Lieferantenrabatt 14 %	5.040,00 €
=	Zieleinkaufspreis	30.960,00 €
-	Lieferantenskonto 1,5 %	464,40 €
=	Bareinkaufspreis	30.495,60 €
+	Frachtkosten	390,00 €
+	Versicherung	200,00 €
=	Einstandspreis	31.085,60 €
=	**Einstandspreis je Stück**	**6,22 €**

Lieferant (Angebot) B:

	Listeneinkaufspreis	32.500,00 €
-	Lieferantenrabatt 5 %	1.625,00 €
=	Zieleinkaufspreis	30.875,00 €
-	Lieferantenskonto 2 %	617,50 €
=	Bareinkaufspreis	30.257,50 €
+	Frachtkosten	600,00 €
+	Versicherung	300,00 €
=	Einstandspreis	31.157,50 €
=	**Einstandspreis je Stück**	**6,23 €**

Das Angebot des Lieferanten A ist je Stück geringfügig günstiger. In der Gesamtmenge beträgt der Preisvorteil 71,90 € (31.157,50 € - 31.085,60 €).

Lösungen zu Aufgabe 6: Buchung von Einkäufen nach der bestandsorientierten Methode

a)

	Listeneinkaufspreis	118.240,00 €
-	Lieferantenrabatt 12 %	14.188,80 €
=	Zieleinkaufspreis	104.051,20 €
-	Lieferantenskonto	0,00 €
=	Bareinkaufspreis	104.051,20 €
+	Bezugskosten	1.500,00 €
=	**Bezugspreis**	**105.551,20 €**

ACHTUNG

Sofortrabatte werden nicht gebucht!

Konto-Nr.	Kontobezeichnung	Soll €	Haben €
2000	Rohstoffe	104.051,20	
2001	Bezugskosten	1.500,00	
2600	Vorsteuer	20.054,73	
4400	Verbindlichkeiten a. LL		125.605,93

ACHTUNG

Die Bezugskosten sind immer getrennt auf dem entsprechenden Konto für Bezugskosten zu buchen.

b)

	Schrauben	2.820,00 €	
+	Kleber	1.251,20 €	(nach Abzug von 8 % Rabatt)
=		**4.071,20 €**	

120,00 € : 4.071,20 € = 0,0294753 € Frachtanteil je 1,00 € Warenwert

Frachtanteil Schrauben: 2.820,00 € • 0,0294753 € = 83,12 €

Frachtanteil Kleber: 1.251,20 € • 0,0294753€ = 36,88 €

Bei beiden Positionen handelt es sich um Hilfsstoffe.

Konto-Nr.	Kontobezeichnung	Soll €	Haben €
2020	Hilfsstoffe (Schrauben)	2.820,00	
2021	Bezugskosten	83,12	
2020	Hilfsstoffe (Kleber)	1.251,20	
2021	Bezugskosten	36,88	
2600	Vorsteuer	796,33	
4400	Verbindlichkeiten a. LL		4.987,53

Lösung zu Aufgabe 7: Buchung von Skonto (bestandsorientiert)

Buchung der Eingangsrechnung:

Konto-Nr.	Kontobezeichnung	Soll €	Haben €
2280	Handelswaren	900,00	
2600	Vorsteuer	171,00	
4400	Verbindlichkeiten a. LL		1.071,00

Buchung der Zahlung:

Konto-Nr.	Kontobezeichnung	Soll €	Haben €
4400	Verbindlichkeiten a. LL	1.071,00	
2282	Nachlässe Handelswaren		18,00
2600	Vorsteuer		3,42
2800	Bank		1.049,58

Lösung zu Aufgabe 8: Buchung von Rücksendungen (bestandsorientiert)

Konto-Nr.	Kontobezeichnung	Soll €	Haben €
2800	Bank	148,89	
2020	Hilfsstoffe		125,12
2600	Vorsteuer		23,77

Lösung zu Aufgabe 9: Buchung von Einkäufen nach der verbrauchsorientierten Methode

	Listeneinkaufspreis	27,00 €	
-	Rabatt 15 %	4,05 €	
=	**Zieleinkaufspreis**	**22,95 €**	je Stück

Zieleinkaufspreis gesamt (22,95 € • 2.000 Stück) = 45.900,00 €

Konto-Nr.	Kontobezeichnung	Soll €	Haben €
6010	Vorprodukte	45.900,00	
6011	Bezugskosten	320,00	
2600	Vorsteuer	8.781,80	
4400	Verbindlichkeiten a. LL		55.001,80

Lösung zu Aufgabe 10: Buchung von Skonto (verbrauchsorientiert)

Buchung der Eingangsrechnung:

Konto-Nr.	Kontobezeichnung	Soll €	Haben €
6020	Aufwendungen für Hilfsstoffe	2.771,20	
6021	Bezugskosten für Aufwendungen für Hilfsstoffe	50,00	
2600	Vorsteuer	536,03	
4400	Verbindlichkeiten a. LL		3.357,23

Buchung der Zahlung:

Konto-Nr.	Kontobezeichnung	Soll €	Haben €
4400	Verbindlichkeiten a. LL	3.357,23	
6022	Nachlässe Aufwendungen für Hilfsstoffe		83,14
2600	Vorsteuer		15,80
2800	Bank		3.258,29

Lösung zu Aufgabe 11: Buchung von Rücksendungen (verbrauchsorientiert)

Konto-Nr.	Kontobezeichnung	Soll €	Haben €
4400	Verbindlichkeiten a. LL	1.190,00	
2600	Vorsteuer		190,00
6000	Aufwendungen für Rohstoffe		1.000,00

ACHTUNG

Die Rücksendung wird direkt vom Konto 6000 Aufwendungen für Rohstoffe abgebucht, da die Rohstoffe beim Rechnungseingang auf diesem Konto eingebucht wurden.

Lösungen zu Aufgabe 12: Finanzwirtschaftliche Auswirkung einer Skontierung

a) Richtige Formel:

[x]

$$\frac{\text{Skontobetrag brutto} \cdot 100 \cdot 360}{(\text{Rechnungsbetrag - Skonto}) \cdot 20}$$

b)

	Rechnungsbetrag brutto	14.518,00 €
-	Skonto 2,5 %	362,95 €
=	**Zahlungsbetrag**	**14.155,05 €**

	gesamte Zahlungsfrist	35 Tage
-	Skontofrist	10 Tage
=	**Lieferantenkredit**	**25 Tage**

$$P_{effektiv} = \frac{362{,}95 \cdot 100 \cdot 360}{14.155{,}05 \cdot 25} = \mathbf{36{,}92\ \%}$$

c)

	Rechnungsbetrag brutto	1.071,00 €
-	Skonto brutto	21,42 €
=	**Zahlungsbetrag**	**1.049,58 €**

$$\text{Zinsen für den Bankkredit} = \frac{1.049{,}58 \cdot 10 \cdot 20}{100 \cdot 360} = \mathbf{5{,}83\ €}$$

	Skontobetrag (Ertrag)	21,42 €
-	Zinsen Bankkredit	5,83 €
=	**Finanzierungsvorteil durch die Skontierung**	**15,59 €**

d) 20 Tage Laufzeit Lieferantenkredit – 2 % Zinsen (Skonto)

360 Tage Laufzeit Lieferantenkredit = x % Zinsen

$$P_{effektiv} = \frac{360 \cdot 2}{20} = \mathbf{36\ \%}$$

Lösungen zu Aufgabe 13: Geleistete Anzahlungen

a)

Konto-Nr.	Kontobezeichnung	Soll €	Haben €
2300	Geleistete Anzahlungen	12.000,00	
2600	Vorsteuer	2.280,00	
2800	Bank		14.280,00

b) 1. Schritt:

Konto-Nr.	Kontobezeichnung	Soll €	Haben €
2280	Waren	60.000,00	
2600	Vorsteuer	11.400,00	
4400	Verbindlichkeiten a. LL		71.400,00

2. Schritt:

Konto-Nr.	Kontobezeichnung	Soll €	Haben €
4400	Verbindlichkeiten a. LL	14.280,00	
2300	Geleistete Anzahlungen		12.000,00
2600	Vorsteuer		2.280,00

4. Buchungen und Berechnungen bei Absatzprozessen

Lösungen zu Aufgabe 1: Buchung der Ausgangsrechnung

a)

Konto-Nr.	Kontobezeichnung	Soll €	Haben €
2400	Forderungen a. LL	6.545,00	
5000	Umsatzerlöse für eigene Erzeugnisse		5.500,00
4800	Umsatzsteuer		1.045,00

ACHTUNG

Laut Unternehmensbeschreibung (s. Seite 14) handelt es sich bei diesen Produkten um eigene Erzeugnisse. Die Umsatzerlöse müssen daher auf dem Konto 5000 gebucht werden.

b)

Konto-Nr.	Kontobezeichnung	Soll €	Haben €
2400	Forderungen a. LL	4.284,00	
5100	Umsatzerlöse für Waren		3.600,00
4800	Umsatzsteuer		684,00

ACHTUNG

Laut Unternehmensbeschreibung (s. Seite 14) handelt es sich bei diesem Produkt um Handelswaren. Die Umsatzerlöse müssen deshalb auf dem Konto 5100 gebucht werden.

c)

Konto-Nr.	Kontobezeichnung	Soll €	Haben €
6140	Frachten	200,00	
2600	Vorsteuer	38,00	
4400	Verbindlichkeiten a. LL		238,00

ACHTUNG

Die Lieferung erfolgt „frei Haus", d. h. die Transportkosten trägt der Lieferant, also die Sport Equipment AG. Die Fracht stellt für das Unternehmen einen Aufwand (Kosten) dar, daher die Buchung auf das Aufwandskonto in der Kontenklasse 6. Da es sich um eine Eingangsrechnung handelt, fällt Vorsteuer an.

d)

Konto-Nr.	Kontobezeichnung	Soll €	Haben €
2400	Forderungen a. LL	17.731,00	
5100	Umsatzerlöse für Waren		14.900,00
4800	Umsatzsteuer		2.831,00

ACHTUNG

Bei allen drei Artikeln handelt es sich um Handelswaren (vgl. Unternehmensbeschreibung Seite 14). Daher müssen die Umsatzerlöse auf das Konto 5100 gebucht werden. Fracht und Verpackung werden dem Kunden berechnet. Der Betrag wird ebenfalls auf das Konto 5100 gebucht und nicht auf ein eigenes Konto. Er erhöht die Umsatzerlöse der Waren.

Lösung zu Aufgabe 2: Buchung des Zahlungseingangs mit Skontierung

	Rechnungsbetrag	6.545,00 €
-	2 % Skonto	130,90 €
=	**Zahlungseingang**	**6.414,10 €**

	Skonto brutto	130,90 €
-	19 % USt	20,90 €
=	**Skonto netto**	**110,00 €**

Konto-Nr.	Kontobezeichnung	Soll €	Haben €
2800	Bank	6.414,10	
5101	Erlösberichtigungen	110,00	
4800	Umsatzsteuer	20,90	
2400	Forderungen a. LL		6.545,00

Lösungen zu Aufgabe 3: Buchung einer Rücksendung

a)

Konto-Nr.	Kontobezeichnung	Soll €	Haben €
5100	Umsatzerlöse für Waren	360,00	
4800	Umsatzsteuer	68,40	
2400	Forderungen a. LL		428,40

Da eine Verrechnung erfolgt, wird der Betrag nicht überwiesen, sondern mit der noch bestehenden Forderung verrechnet. Die Forderung wird dadurch um den Bruttobetrag geringer und beträgt nur noch 3.855,60 € (4.284,00 € - 428,40 €).

b)

Konto-Nr.	Kontobezeichnung	Soll €	Haben €
5100	Umsatzerlöse für Waren	360,00	
4800	Umsatzsteuer	68,40	
2800	Bank		428,40

Der Unterschied zur Lösung a) besteht nur darin, dass der Gutschriftsbetrag nicht verrechnet, sondern vom Bankkonto an den Kunden überwiesen wird.

Lösungen zu Aufgabe 4: Welche der folgenden Aussagen sind richtig?

Richtige Aussagen:

- [x] Eine Rücksendung von Erzeugnissen an den Lieferanten führt bei ihm zu einer Erhöhung des Lagerbestandes und zu einer nachträglichen Verringerung der Umsatzerlöse.
- [x] Sendet ein Kunde Waren im Wert von brutto 660,45 € an den Lieferanten zurück, muss der Lieferant seine Umsatzsteuer im Soll um 105,45 € korrigieren.

Lösung zu Aufgabe 5: Sofortrabatt

Konto-Nr.	Kontobezeichnung	Soll €	Haben €
2400	Forderungen a. LL	26.775,00	
5100	Umsatzerlöse für Waren		22.500,00
4800	Umsatzsteuer		4.275,00

ACHTUNG

Sofortrabatte werden nie gebucht.

Lösungen zu Aufgabe 6: Bonus

a) Ein Bonus ist eine nachträgliche Vergütung, z. B. für das Erreichen einer bestimmten Umsatzhöhe. In der Regel wird ein Bonus als Prozentsatz gewährt. Der Bonus wird vom Nettoumsatz berechnet und zuzüglich der gültigen Umsatzsteuer an den Kunden vergütet. Der Kunde erhält darüber eine Gutschrift, die entweder mit laufenden Forderungen verrechnet oder direkt überwiesen wird.

b)

	Bonus 2 % von 337.567,90 €	6.751,36 €
+	19 % USt	1.282,76 €
=	**Gutschrift**	**8.034,12 €**

Konto-Nr.	Kontobezeichnung	Soll €	Haben €
5001	Erlösberichtigungen	6.751,36	
4800	Umsatzsteuer	1.282,76	
2800	Bank		8.034,12

Ein Bonus verringert nachträglich die Umsatzerlöse des Lieferanten, daher muss der Nettobetrag als Erlösberichtigung auf das Konto 5001 im Soll gebucht werden. Die anteilige Umsatzsteuer muss ebenfalls im Soll korrigiert werden.

Lösungen zu Aufgabe 7: Kalkulation von Handelswaren

a)

	Bezugspreis (Einstandspreis)	40,00 €
+	Handlungskostenzuschlag 15 %	6,00 €
=	Selbstkosten	46,00 €
+	Gewinnzuschlag 20 %	9,20 €
=	Barverkaufspreis	55,20 €
+	Kundenskonto 2 %	1,13 €
=	Zielverkaufspreis	56,33 €
+	Kundenrabatt 10 %	6,26 €
=	**Listenverkaufspreis (netto)**	**62,59 €**

b) INFO

Der Kalkulationszuschlag ist die Differenz zwischen dem Bezugspreis und dem Listenverkaufspreis, ausgedrückt in Prozent. Der Bezugspreis bildet dabei die Rechenbasis, also 100 %.

	Listenverkaufspreis	62,59 €		
-	Bezugspreis	40,00 €	=	100 %
=	Differenz	22,59 €	=	x %

$$\text{Kalkulationszuschlag} = \frac{(\text{Listenverkaufspreis - Bezugspreis}) \cdot 100}{\text{Bezugspreis}}$$

$$= \frac{22{,}59 \cdot 100}{40{,}00} = \mathbf{56{,}48\ \%}$$

c) INFO

Die Handelsspanne ist die Differenz zwischen dem Listenverkaufspreis und dem Bezugspreis, ausgedrückt in Prozent. Der Listenverkaufspreis bildet dabei die Rechenbasis, also 100 %.

	Listenverkaufspreis	62,59 €	=100 %
-	Bezugspreis	40,00 €	
=	Differenz	22,59 €	= x %

$$\text{Handelsspanne} = \frac{(\text{Listenverkaufspreis - Bezugspreis}) \cdot 100}{\text{Listenverkaufspreis}}$$

$$= \frac{22{,}59 \cdot 100}{62{,}59} = \mathbf{36{,}09\ \%}$$

d) Der Kalkulationsfaktor ist eine Alternative zum Kalkulationszuschlag. Er ist keine Prozentzahl, sondern ein Multiplikator. Wenn man den Bezugspreis damit multipliziert, erhält man sofort den Listenverkaufspreis.

$$\text{Kalkulationsfaktor} = \frac{\text{Listenverkaufspreis}}{\text{Bezugspreis}}$$

$$= \frac{62{,}59}{40{,}00} = \mathbf{1{,}56475}$$

ACHTUNG

Das Ergebnis darf am Ende kein Prozentzeichen aufweisen.

Lösung zu Aufgabe 8: Kalkulation von eigenen Erzeugnissen

	Materialeinzelkosten	280,00 €						
+	Materialgemeinkosten 10 %	28,00 €						
=	Materialkosten		308,00 €					
	Fertigungslöhne	90,00 €						
+	Fertigungsgemeinkosten 110 %	99,00 €						
+	Sondereinzelkosten der Fertigung	0,00 €						
=	Fertigungskosten (FK)		189,00 €					
	Herstellkosten (MK + FK)		497,00 €					
+	Verwaltungsgemeinkosten 15 %		74,55 €					
+	Vertriebsgemeinkosten 5 %		24,85 €					
+	Sondereinzelkosten des Vertriebs		0,00 €					
=	Selbstkosten		596,40 €					
+	Gewinnzuschlag 18 %		107,35 €					
=	Barverkaufspreis		703,75 €	=	92 %			
+	Vertreterprovision 6 %		45,90 €	=	6 %			
+	Kundenskonto 2 %		15,30 €	=	2 %			
=	Zielverkaufspreis		764,95 €	=	100 %	=	85 %	
+	Kundenrabatt 15 %		134,99 €			=	15 %	
=	**Listenverkaufspreis (netto)**		**899,94 €**			=	100 %	

Lösungen zu Aufgabe 9: Rückwärtskalkulation

a)

	Materialeinzelkosten	**254,94 €**			
+	Materialgemeinkosten 10 %	25,49 €			
=	Materialkosten		280,43 €	= 110 %	
	Fertigungslöhne	90,00 €			
+	Fertigungsgemeinkosten 110 %	99,00 €			
+	Sondereinzelkosten der Fert.	0,00 €			
=	Fertigungskosten		189,00 €	= 210 %	
	Herstellkosten (MK + FK)		469,43 €		
+	Verwaltungsgemeinkosten 15 %		70,41 €		
+	Vertriebsgemeinkosten 5 %		23,47 €		
+	Sondereinzelkosten des Vertrieb		0,00 €		
=	Selbstkosten		563,31 €	= 120 %	
+	Gewinnzuschlag 18 %		101,39 €		
=	Barverkaufspreis		664,70 €	= 118 %	
+	Vertreterprovision 6 %		43,35 €		
+	Kundenskonto 2 %		14,45 €		
=	Zielverkaufspreis		722,50 €	= 100 %	= 85 %
+	Kundenrabatt 15 %		127,50 €		= 15 %
=	**Listenverkaufspreis (netto)**		**850,00 €**		=100 %

b)

	Materialeinzelkosten ursprünglich	280,00 € =	100 %
-	Materialeinzelkosten neu	254,94 €	
=	notwendige Verringerung	25,06 € =	x %

$$\frac{25{,}06 \cdot 100}{280{,}00} = \mathbf{8{,}95\ \%}$$

Lösung zu Aufgabe 10: Differenzkalkulation

	Materialeinzelkosten	280,00 €		
+	Materialgemeinkosten 10 %	28,00 €		
=	Materialkosten		308,00 €	
	Fertigungslöhne	90,00 €		
+	Fertigungsgemeinkosten 110 %	99,00 €		
+	Sondereinzelkosten der Fert.	0,00 €		
=	Fertigungskosten		189,00 €	
	Herstellkosten (MK + FK)		497,00 €	
+	Verwaltungsgemeinkosten 15 %		74,55 €	
+	Vertriebsgemeinkosten 5 %		24,85 €	
+	Sondereinzelkosten des Vertriebs		0,00 €	
=	Selbstkosten		596,40 €	→ bis hierher keine Änderung
+	**Gewinnzuschlag**		**68,30 €**	
=	Barverkaufspreis		664,70 €	
+	Vertreterprovision 6 %		43,35 €	
+	Kundenskonto 2 %		14,45 €	
=	Zielverkaufspreis		722,50 €	= 100 % = 85 %
+	Kundenrabatt 15 %		127,50 €	= 15 %
=	**Listenverkaufspreis (netto)**		**850,00 €**	= 100 %

Selbstkosten	596,40 €	= 100 %
Gewinnzuschlag	68,30 €	= x %

$$\frac{68{,}30 \cdot 100}{596{,}40} = \mathbf{11{,}45\ \%}$$

	geplanter Gewinnzuschlagssatz	18,00 %
-	reduzierter Gewinnzuschlagssatz	11,45 %
=	**Reduzierung**	**6,55 %**

Lösungen zu Aufgabe 11: Erhaltene Anzahlungen

a)

Konto-Nr.	Kontobezeichnung	Soll €	Haben €
2800	Bank	35.700,00	
4300	Erhaltene Anzahlungen		30.000,00
4800	Umsatzsteuer		5.700,00

b) 1. Schritt:

Konto-Nr.	Kontobezeichnung	Soll €	Haben €
2400	Forderungen a. LL	119.000,00	
5000	Umsatzerlöse		100.000,00
4800	Umsatzsteuer		19.000,00

2. Schritt:

Konto-Nr.	Kontobezeichnung	Soll €	Haben €
4300	Erhaltene Anzahlungen	30.000,00	
4800	Umsatzsteuer	5.700,00	
2400	Forderungen a. LL		35.700,00

5. Buchungen und Berechnungen bei Leistungsprozessen

Lösungen zu Aufgabe 1: Berechnung der Anschaffungskosten/ Herstellungskosten

a)

	Anschaffungspreis der Maschine		472.160,00 €
+	Fundamentierung	3.500,00 €	
+	Halterung	700,00 €	
+	Werkzeugmagazin	565,00 €	
+	Installation	2.300,00 €	
+	Transport und Versicherung	2.500,00 €	
	Anschaffungsnebenkosten		9.565,00 €
=	**Gesamte Anschaffungskosten**		**481.725,00 €**

b)
- [x] 3.140,00 €
- [ ] 3.200,00 €
- [ ] 3.136,00 €
- [ ] 3.000,00 €
- [ ] 2.940,00 €

2 % Skonto von 3.000,00 € = 60,00 €

3.000,00 € - 60,00 € + 200,00 € = 3.140,00 €

Lösungen zu Aufgabe 2: Buchung der Eingangsrechnung einer Anlage

a)

Konto-Nr.	Kontobezeichnung	Soll €	Haben €
0720	Anlagen und Maschinen	479.225,00	
2600	Vorsteuer	91.052,75	
4400	Verbindlichkeiten a. LL		570.277,75

b)

Konto-Nr.	Kontobezeichnung	Soll €	Haben €
0720	Anlagen und Maschinen	2.500,00	
2600	Vorsteuer	475,00	
4400	Verbindlichkeiten a. LL		2.975,00

Lösungen zu Aufgabe 3: Anschaffungsnebenkosten

☒ Die Süddeutsche Kreditbank AG stellt der Sport Equipment AG 3,57 % Maklerprovision für die Vermittlung eines Grundstücks in Rechnung.

☐ Lastschrifteinzug der Grundsteuer vom Konto Bankguthaben
→ Grundsteuer fällt laufend an und nicht einmalig beim Kauf.
Es handelt sich um einen Aufwand.

☒ Spezialplane für einen Klein-Lkw.

☒ Vermessungs- und Erschließungskosten für ein Grundstück

☒ Grunderwerbssteuer für ein neu angeschafftes Grundstück mit Gebäude

☒ Softwarepaket MS Office 2016 bei einem Laptop

☐ Zinsbelastung der Süddeutschen Kreditbank AG für die Finanzierung einer Maschine
→ Finanzierungskosten zählen laut HGB nicht zu den Anschaffungskosten.

☒ Überführungskosten beim Kauf eines Kraftfahrzeugs

☐ Erste Tankfüllung bei einem neuen Fahrzeug
→ Hier handelt es sich um einen Aufwand, der in Kontenklasse 6 gebucht wird.

☒ Kosten der Zulassung bei einem Neufahrzeug

Lösung zu Aufgabe 4: Buchung von Nachlässen

	Rechnungspreis	570.277,75 €	
-	2 % Skonto	11.405,56 €	(einschließlich 19 % USt)
=	**Überweisungsbetrag**	**558.872,19 €**	

	Skonto einschließlich USt	11.405,56 €	= 119 %
-	19 % USt	1.821,06 €	= 19 %
=	**Skonto ohne USt**	**9.584,50 €**	= 100 %

$$\frac{11.405,56 \cdot 19}{119} = 1.821,06$$

ACHTUNG

Bei der Buchung von Skonto oder eines anderen nachträglichen Nachlasses muss immer die anteilige Umsatzsteuer auf dem Vorsteuerkonto korrigiert werden. Dies ist unbedingt notwendig, da sich durch den Nachlass der ehemalige Rechnungspreis reduziert. Würde man diese Korrektur nicht vornehmen, wäre der Vorsteuerabzug zu hoch.

Konto-Nr.	Kontobezeichnung	Soll €	Haben €
4400	Verbindlichkeiten a. LL	570.277,75	
0720	Anlagen und Maschinen		9.584,50
2600	Vorsteuer		1.821,06
2800	Bank		558.872,19

ACHTUNG

Nachlässe müssen bei Anlagegegenständen immer auf dem entsprechenden Anlagekonto im Haben korrigiert werden, da es sich um eine nachträgliche Verminderung der Anschaffungskosten handelt.

Buchen Sie Nachlässe in diesen Fällen also nie auf ein Nachlasskonto!

Lösungen zu Aufgabe 5: Planmäßige Abschreibung

a)

	Anschaffungskosten	36.000,00 €
-	AfA 2019	6.000,00 €
=	Restbuchwert 31.12.2019	30.000,00 €
-	AfA 2020	6.000,00 €
=	Restbuchwert 31.12.2020	24.000,00 €
-	AfA 2021	6.000,00 €
=	Restbuchwert 31.12.2021	18.000,00 €
-	AfA 2022	6.000,00 €
=	Restbuchwert 31.12.2022	12.000,00 €
-	AfA 2023	6.000,00 €
=	Restbuchwert 31.12.2023	6.000,00 €
-	AfA 2024	6.000,00 €
=	**Restbuchwert 31.12.2024**	**0,00 €**

b)

	Anschaffungskosten	36.000,00 €	
-	AfA 2019	3.000,00 €	(6 Monate = 6/12)
=	Restbuchwert 31.12.2019	33.000,00 €	
-	AfA 2020	6.000,00 €	
=	Restbuchwert 31.12.2020	27.000,00 €	
-	AfA 2021	6.000,00 €	
=	Restbuchwert 31.12.2021	21.000,00 €	
-	AfA 2022	6.000,00 €	
=	Restbuchwert 31.12.2022	15.000,00 €	
-	AfA 2023	6.000,00 €	
=	Restbuchwert 31.12.2023	9.000,00 €	
-	AfA 2024	6.000,00 €	
=	Restbuchwert 31.12.2024	3.000,00 €	
-	AfA 2025	3.000,00 €	(6 Monate = 6/12)
=	**Restbuchwert 31.12.2025**	**0,00 €**	

ACHTUNG

Die Dauer der Abschreibung verlängert sich dadurch um ein halbes Jahr.

c)

=	Restbuchwert 31.12.2024	3.000,00 €	
-	AfA 2025	2.999,00 €	(6 Monate = $^6/_{12}$ - 1,00)
=	**Restbuchwert 31.12.2025**	**1,00 €**	

d)

Wert einer Leistungseinheit: $\frac{36.000\ €}{150.000\ km} = 0{,}24\ €/km$

Nutzungsjahr	Berechnung in €	Abschreibungsbetrag in €
01	0,24 • 30.000	7.200,00
02	0,24 • 24.000	5.760,00
03	0,24 • 24.000	5.760,00
04	0,24 • 21.000	5.040,00
05	0,24 • 26.000	6.240,00
06	0,24 • 25.000	6.000,00
	Summe	36.000,00

	Anschaffungskosten	36.000,00 €
-	AfA 2019	7.200,00 €
=	Restbuchwert 31.12.2019	28.800,00 €
-	AfA 2020	5.760,00 €
=	Restbuchwert 31.12.2020	23.040,00 €
-	AfA 2021	5.760,00 €
=	Restbuchwert 31.12.2021	17.280,00 €
-	AfA 2022	5.040,00 €
=	Restbuchwert 31.12.2022	12.240,00 €
-	AfA 2023	6.240,00 €
=	Restbuchwert 31.12.2023	6.000,00 €
-	AfA 2024	6.000,00 €
=	**Restbuchwert 31.12.2024**	**0,00 €**

Konto-Nr.	Kontobezeichnung	Soll €	Haben €
6520	Abschreibung auf Sachanlagen	5.760,00	
0840	Fuhrpark		5.760,00

e)

$$\text{Wert einer Leistungseinheit} = \frac{500.000,00\ €}{10.000\ \text{Stunden}} = 50,00\ €\ \text{je Stunde}$$

Nutzungsjahr	Berechnung in €	Abschreibungsbetrag in €
01	1.700 • 50,00	85.000,00
02	2.500 • 50,00	125.000,00
03	1.500 • 50,00	75.000,00
04	1.000 • 50,00	50.000,00
05	1.300 • 50,00	65.000,00
06	2.000 • 50,00	100.000,00
	Summe	500.000,00

f)

Konto-Nr.	Kontobezeichnung	Soll €	Haben €
6520	Abschreibung auf Sachanlagen	85.000,00	
0840	Fuhrpark		85.000,00

g) ☐ Abschreibungen stellen Erträge für das Unternehmen dar.
→ Falsch, es sind Aufwendungen und Kosten laut Kostenrechnung.

☐ Die Nutzungsdauern sind frei wählbar.
→ Falsch, sie sind durch das Einkommensteuergesetz (EStG) verbindlich vorgegeben.

☒ Der AfA-Satz der linearen Abschreibung ergibt sich aus 100 : Jahre der Nutzungsdauer.

☒ Die lineare Abschreibungsmethode wird i. d. R. im Rahmen der Kosten- und Leistungsrechnung verwendet, da sie zu gleichmäßigen Abschreibungsbeträgen führt und somit über die ganze Nutzungsdauer eine konstante Kalkulationsgrundlage darstellt.

☒ Die Abschreibung nach Leistungseinheiten entspricht der tatsächlichen Wertminderung des Anlagegutes mehr als die lineare Methode.

☐ Sämtliche Abschreibungsmethoden sind frei wählbar.
→ Falsch, sie müssen aktuell zulässig und für das Anlagegut anwendbar sein.

☐ Ein Unternehmen kann auch auf die Abschreibung der Anlagegüter verzichten.
→ Falsch, die Abschreibung muss erfolgen, da Anlagegüter immer zum niedrigsten Wert in der Bilanz ausgewiesen werden müssen.

☒ Wenn ein Anlagegut am Ende der Nutzungsdauer weiter betrieblich genutzt wird, muss es im Inventar und in der Bilanz mit einem Erinnerungswert ausgewiesen werden.

Lösungen zu Aufgabe 6: Geringwertige Wirtschaftsgüter (GWG)

a) ☒ Schreibtischstuhl, 256,00 €

☐ Softwarepaket MS Office 365, 169,00 €
→ nein, nicht selbstständig nutzbar

☒ Notebook, 599,00 €

☐ Externe Festplatte für das Notebook, 99,00 €
→ nein, nicht selbstständig nutzbar

☐ Mobiltelefon, 219,00 €
→ Sofortaufwand, da unter 250,00 €

☐ Digitalkamera für Werbeaufnahmen, 1.249,00 €
→ nein, da die Anschaffungskosten über 1.000,00 € liegen

☐ Transporttasche für das Notebook, 45,00 €
→ Nein, die Anschaffungskosten liegen unter 250,00 € - daher wird es sofort als Büroaufwand behandelt. Nur möglich, wenn das Notebook als GWG gebucht wurde. Außerdem fraglich, ob die Tasche selbstständig nutzbar ist.

b) Warenwert 154,50 €
- 3 % Skonto 4,64 € (netto)
= **Anschaffungskosten** **149,86 €** → unter 250,00 €, daher Büroaufwand

Konto-Nr.	Kontobezeichnung	Soll €	Haben €
6800	Büromaterial	154,50	
6800	Büromaterial		4,64
2600	Vorsteuer	29,36	
2600	Vorsteuer		0,88
2800	Bank		178,34

ACHTUNG

Beachten Sie, dass Sie die Umsatzsteuer korrigieren müssen, da der Rechnungspreis durch den Skonto um 3 % vermindert wurde.

c) ☒ Buchung als GWG mit Sofortabschreibung ist möglich.

☐ Kann als Büroaufwand gebucht werden.
→ Falsch, da die Anschaffungskosten über 250,00 € liegen.

☐ Muss linear über die Nutzungsdauer abgeschrieben werden.
→ Falsch, da die Anschaffungskosten nicht über 1.000,00 € liegen.

☒ Kann in den GWG-Pool eingestellt werden.

☐ Muss in den GWG-Pool eingestellt werden.
→ Falsch, es kann auch sofort abgeschrieben werden, da die Anschaffungskosten nicht mehr als 800,00 € betragen.

d) AfA-Verlauf für den GWG-Pool 2019:

	GWG-Pool 2019	4.982,00 €
-	20 % AfA 2019	996,40 €
=	Restwert GWG-Pool Ende 2019	3.985,60 €
-	20 % AfA 2020	996,40 €
=	Restwert GWG-Pool Ende 2020	2.989,20 €
-	20 % AfA 2021	996,40 €
=	Restwert GWG-Pool Ende 2021	1.992,80 €
-	20 % AfA 2022	996,40 €
=	Restwert GWG-Pool Ende 2022	996,40 €
-	20 % AfA 2023	996,40 €
=	**Restwert GWG-Pool Ende 2023**	**0,00 €**

Konto-Nr.	Kontobezeichnung	Soll €	Haben €
6541	Abschreibung auf GWG-Sammelposten (1. Jahr)	996,40	
0891	GWG-Sammelposten (1. Jahr)		996,40

e) Man kann wählen:

1. zwischen Buchung als GWG mit sofortiger Abschreibung:

Konto-Nr.	Kontobezeichnung	Soll €	Haben €
6540	Abschreibung auf GWG	400,00	
0890	GWG		400,00

und

2. mit Poolung

Konto-Nr.	Kontobezeichnung	Soll €	Haben €
6541	Abschreibung auf GWG-Sammelposten	80,00	
0891	GWG-Sammelposten		80,00

20 % von 400,00 € = 80,00 € werden in den GWG-Sammelposten pro Jahr eingestellt.

Lösungen zu Aufgabe 7: Außerplanmäßige Abschreibung

	Restwert Ende 2019	50.000,00 €
-	planmäßige Abschreibung 2020	10.000,00 €
=	fortgeführte Anschaffungskosten	40.000000 €
-	außerplanmäßige Abschreibung 2020	20.000,00 € (50 % von 40.000,00 €)
=	**Restbuchwert Ende 2020**	**20.000,00 €**

Konto-Nr.	Kontobezeichnung	Soll €	Haben €
6520	Abschreibung auf Sachanlagen	10.000,00	
0720	Anlagen und Maschinen		10.000,00

Konto-Nr.	Kontobezeichnung	Soll €	Haben €
6550	Außerplanmäßige Abschreibung auf Sachanlagen	20.000,00	
0720	Anlagen und Maschinen		20.000,00

$$\text{Neuer Abschreibungsbetrag} = \frac{\text{Restbuchwert Ende 2018}}{\text{Restnutzungsdauer in Jahren}}$$

$$= \frac{20.000,00}{4} = \mathbf{5.000,00\ €}$$

	Restbuchwert 31.12.2020	20.000,00 €
-	AfA 2021	5.000,00 €
=	Restbuchwert 31.12.2021	15.000,00 €
-	AfA 2022	5.000,00 €
=	Restbuchwert 31.12.2022	10.000,00 €
-	AfA 2023	5.000,00 €
=	Restbuchwert 31.12.2023	5.000,00 €
-	AfA 2024	5.000,00 €
=	**Restbuchwert 31.12.2024**	**0,00 €**

Lösungen zu Aufgabe 8: Anlagenspiegel

a)

$$\text{jährliche Abschreibungen} = \frac{\text{kumulierte Abschreibung}}{\text{bisherige Nutzungsdauer}}$$

$$= \frac{8.610.000,00}{7} = \mathbf{1.230.000,00\ €}$$

b) 14.760.000,00 €
+ 940.000,00 €
= **15.700.000,00 €**

Auszug aus dem Anlagenspiegel zum Ende des achten Geschäftsjahres in T€

Bilanzposten	AK/HK der Vorjahre	Zugänge zu AK/HK	Abgänge zu AK/HK	Abschreibungen des Berichtsjahres	Kumulierte Abschreibungen	Buchwert am Ende des Vorjahres	Buchwert am Ende des Berichtsjahres
0	1	2	3	4	5	6	7
Anlagen	14.760	940		1.324	9.934	6.150	5.766

AK = Anschaffungskosten, HK = Herstellungskosten

Lösungen zu Aufgabe 9: Verkauf gebrauchter Anlagegüter

a) ACHTUNG

Bei der Berechnung der zeitanteiligen Abschreibung dürfen Sie nur die Monate bis zum Beginn des Verkaufsmonats zählen. Der Monat des Verkaufs zählt nicht mit. Das muss so sein, da beim Kauf der Monat des Kaufs für die Berechnung der Abschreibung mitgezählt wurde.

Die Abschreibung am 31.12.2017 würde 36.000,00 € betragen, da zu diesem Zeitpunkt die Nutzungsdauer beendet wäre.

$$\text{Zeitanteilige AfA} = \frac{\text{AfA für 12 Mte.} \cdot \text{Anzahl Nutzungsmonate (ohne Verkaufsmonat)}}{12}$$

$$\text{Zeitanteilige AfA} = \frac{36.000,00\ € \cdot 5}{12} = \mathbf{15.000,00\ €}$$

	Restbuchwert 31.12.2019	36.000,00 €
-	AfA 5 Monate 2020	15.000,00 €
=	**Restbuchwert 31.05.2020**	**21.000,00 €**

Konto-Nr.	Kontobezeichnung	Soll €	Haben €
6520	Planmäßige Abschreibung auf Sachanlagen	15.000,00	
0720	Anlagen und Maschinen		15.000,00

b)

Konto-Nr.	Kontobezeichnung	Soll €	Haben €
2400	Forderungen a. LL	24.990,00	
5410	Erlöse aus Anlagenabgängen		21.000,00
4800	Umsatzsteuer		3.990,00

Konto-Nr.	Kontobezeichnung	Soll €	Haben €
6960	Anlagenabgänge	21.000,00	
0720	Anlagen und Maschinen		21.000,00

c)

Konto-Nr.	Kontobezeichnung	Soll €	Haben €
2400	Forderungen a. LL	29.750,00	
5410	Erlöse aus Anlagenabgängen		25.000,00
4800	Umsatzsteuer		4.750,00

Konto-Nr.	Kontobezeichnung	Soll €	Haben €
6960	Anlagenabgänge	21.000,00	
0720	Anlagen und Maschinen		21.000,00

d)

Konto-Nr.	Kontobezeichnung	Soll €	Haben €
2400	Forderungen a. LL	23.800,00	
5410	Erlöse aus Anlagenabgängen		20.000,00
4800	Umsatzsteuer		3.800,00

Konto-Nr.	Kontobezeichnung	Soll €	Haben €
6960	Anlagenabgänge	21.000,00	
0720	Anlagen und Maschinen		21.000,00

e) Ein Gewinn oder Verlust ergibt sich in der Gewinn- und Verlustrechnung durch die Gegenüberstellung der beiden Konten Erlöse aus Anlagenabgängen und Anlagenabgänge. Die Anlagenabgänge erfolgen zum aktuellen Restbuchwert. Sind die Erlöse höher, ergibt sich ein Gewinn, sind sie dagegen geringer, ergibt sich ein Verlust.

6. Buchungen und Berechnungen bei Personalprozessen

Lösung zu Aufgabe 1: Entgeltabrechnung

Sport Equipment AG

Entgeltabrechnung Juli 2019

Name, Vorname:	Christoph Althaus
Geburtsdatum:	04.03.1986
Wohnhaft:	Köln, Domstraße 1 d
Familienstand:	verheiratet / Steuerklasse IV
Kinder:	-
Konfession:	-
Krankenkasse:	Techniker Krankenkasse Zusatzbeitrag 0,9 %

	Entgelt brutto		2.390,00 €	
+	**Vermögenswirksame Leistung AG**		0,00 €	
	steuerpflichtiges Entgelt			2.390,00 €
	sozialversicherungspflichtiges Entgelt			2.390,00 €
-	**Lohnsteuer**		302,25 €	
-	**Solidaritätszuschlag 5,5 %**		16,62 €[1]	
-	**Kirchensteuer 9 %**		0,00 €	
	gesamter Steuerbetrag			318,87 €
-	**Krankenversicherung**	(7,75 %)	185,22 €	
-	**Pflegeversicherung**	(1,775 %)	42,42 €	
-	**Rentenversicherung**	(9,3 %)	222,27 €	
-	**Arbeitslosenversicherung**	(1,25 %)	29,88 €	
	gesamter AN-Beitrag zur Sozialversicherung			479,79 €
-	**Vermögenswirksame Leistung insgesamt**			0,00 €
	Entgelt netto = Auszahlung			1.591,34 €

ACHTUNG

Herr Althaus zahlt keine Kirchensteuer, da er konfessionslos ist. Zudem muss der Arbeitnehmer bei der Pflegeversicherung den Kinderlosenzuschlag in Höhe von 0,25 % zahlen, da er älter als 23 Jahre ist und noch kein Kind hat.

1 Der Solidaritätszuschlag wird offiziell „geschnitten", d. h. die Stellen nach der zweiten Nachkommastelle sind nicht relevant.

Lösungen zu Aufgabe 2: Personalzusatzkosten

Folgende Postitionen zählen nicht zu den Personalzusatzkosten:

- ☐ Urlaubsgeld
- ☐ Weihnachtsgratifikation
- ☐ Arbeitgeberanteil zu den vermögenswirksamen Leistungen
- ☐ Beiträge zur Berufsgenossenschaft für die betriebliche Unfallversicherung
- ☒ Abgeltungssteuer
- ☐ Arbeitgeberanteil zur Sozialversicherung
- ☐ Fort- und Weiterbildungskosten
- ☒ Körperschaftsteuer
- ☐ Überstundenzuschläge
- ☐ Beiträge zum Arbeitgeberverband
- ☐ Wochenendzulage
- ☐ Schmutzzulage
- ☒ Fertigungsmaterial
- ☒ Kindergeld

Lösungen zu Aufgabe 3: Steuerklassen

Folgende Arbeitnehmer sind in Steuerklasse III einzuordnen:

- ☐ Kaufmännischer Angestellter, Peter Müller, 22 Jahre, ledig, kinderlos, Bruttoentgelt: 2.480,00 €
- ☐ Gewerblicher Mitarbeiter, Paul Brück, 60 Jahre, verwitwet, ein Kind, Bruttoentgelt: 2.600,00 €
- ☐ Gewerblicher Mitarbeiter, Stefan Maier, 25 Jahre, verheiratet, Bruttoentgelt: 2.300,00 €. Seine Frau, Brigitte Maier, ist ebenfalls als kaufmännische Mitarbeiterin im Controlling der Sport Equipment AG beschäftigt. Ihr Entgelt beträgt 3.900,00 € brutto.
- ☒ Leiter der Forschung- und Entwicklungsabteilung, Franz Schmidt, 58 Jahre, verheiratet, Bruttoentgelt 8.000,00 €. Seine Frau, Christine Schmidt, verdient als Veranstaltungskauffrau der Fit&Fun OHG 2.800,00 € brutto.
- ☒ Kaufmännischer Mitarbeiter, Oliver Kaiser, 29 Jahre, verheiratet, 2 Kinder, Bruttoentgelt 2.900,00 €. Seine Frau ist nicht berufstätig.
- ☐ Pförtner, Sebastian Schwarz, 63 Jahre, verheiratet, 3 Kinder; „Zweitjob", Bruttoentgelt: 400,00 €
- ☐ Kaufmännischer Mitarbeiter, Mario Hoffmann; 32 Jahre, verheiratet, Bruttoentgelt: 2.500,00 €. Seine Ehefrau, Maria Hoffmann, ist derselben Entgeltgruppe zugeordnet und bezieht demnach ebenfalls ein Bruttoentgelt in Höhe von 2.500,00 €.

Lösungen zu Aufgabe 4: Beitragsbemessungsgrenzen

Normalerweise steigen die Beiträge zur Sozialversicherung mit zunehmendem Bruttoentgelt an. Der Gesetzgeber hat aber bestimmte Höchstgrenzen definiert, die somit den Betrag der abzuführenden Sozialversicherungsbeträge nach oben hin begrenzen.

Als Beitragsbemessungsgrenze wird in Deutschland eine Grenzgröße bezeichnet, bis zu der im jeweiligen Sozialversicherungszweig die Beiträge erhoben werden. Es handelt sich um eine Deckelung der Bemessungsgrundlage für den zu entrichtenden Versicherungsbeitrag. Mit dem Erreichen der Beitragsbemessungsgrenze bleiben die Beiträge zur jeweiligen Versicherung konstant, auch wenn das tatsächliche Einkommen die Beitragsbemessungsgrenze übersteigt. Alle über die Beitragsbemessungsgrenze hinausgehenden Einkünfte bleiben sozialversicherungsfrei.

INFO

Versicherungszweig	Beitragsbemessungsgrenze
Krankenversicherung	4.537,50 €
Pflegeversicherung	4.537,50 €
Rentenversicherung	6.700,00 € (West) 6.150,00 € (Ost)
Arbeitslosenversicherung	6.700,00 € (West) 6.150,00 € (Ost)
	Stand: 2019

Lösungen zu Aufgabe 5: Entgeltabrechnung unter Berücksichtigung der Beitragsbemessungsgrenzen

Berechnung Krankenversicherung AN-Anteil:

$$\frac{14{,}6\ \%}{2} = 7{,}3\ \% + 0{,}45\ \% = 7{,}75\ \%$$

$$\frac{4.537{,}50\ € \cdot 7{,}75}{100} = \mathbf{351{,}66\ €}$$

Berechnung Pflegeversicherung AN-Anteil:

$$\frac{3{,}05\ \%}{2} = 1{,}525\ \%$$

$$\frac{4.537{,}50\ € \cdot 1{,}525}{100} = \mathbf{69{,}20\ €}$$

Berechnung Rentenversicherung AN-Anteil:

$$\frac{18{,}6\ \%}{2} = 9{,}3\ \%$$

$$\frac{4.900{,}00\ € \cdot 9{,}3}{100} = \mathbf{455{,}70\ €}$$

Berechnung Arbeitslosenversicherung AN-Anteil:

$$\frac{2{,}5\ \%}{2} = \mathbf{1{,}25\ \%}$$

$$\frac{4.900{,}00\ € \cdot 1{,}25}{100} = \mathbf{61{,}25\ €}$$

Sozialversicherung	Arbeitnehmer
Krankenversicherung	351,66 €
Pflegeversicherung	69,20 €
Rentenversicherung	455,70 €
Arbeitslosenversicherung	61,25 €
Gesamt	937,81 €

ACHTUNG

Die Beiträge zur Kranken- und Pflegeversicherung müssen von der Bemessungsgrenze (4.537,50 €) berechnet werden. Die Beitragsbemessungsgrenze für die Arbeitslosen- und Rentenversicherung (6.700,00 €) wird dagegen noch nicht erreicht, sodass zur Berechnung das Bruttoentgelt in Höhe von 4.900,00 € zugrunde gelegt wird.

Lösungen zu Aufgabe 6: Personalbuchungen einschließlich vermögenswirksamer Leistungen

a)

	Frau Ambramschick	Herr Ambramschick
Steuerklasse	III	V
Steuerklasse	IV	IV
Steuerklasse	V	III

b)

Sozialversicherung	Arbeitnehmer	Arbeitgeber
Krankenversicherung	186,00 €	186,00 €
Pflegeversicherung	36,60 €	36,60 €
Rentenversicherung	223,20 €	223,20 €
Arbeitslosenversicherung	30,00 €	30,00 €
Gesamt	475,80 €	475,80 €

Konto-Nr.	Kontobezeichnung	Soll €	Haben €
2640	Vorauszahlung SV (AN-Anteil)	475,80	
2640	Vorauszahlung SV (AG-Anteil)	475,80	
2800	Bank		951,60

c)

Konto-Nr.	Kontobezeichnung	Soll €	Haben €
6300	Gehälter	2.380,00	
6320	Sonstige tarifliche oder vertragliche Aufwendungen	20,00	
2640	Vorauszahlung SV (AN-Anteil)		475,80
4830	Verbindlichkeiten gegenüber dem Finanzamt		74,00
4860	Verbindlichkeiten aus VL		40,00
2800	Bank		1.810,20

d)

Konto-Nr.	Kontobezeichnung	Soll €	Haben €
4830	Verbindlichkeiten gegenüber dem Finanzamt	74,00	
2800	Bank		74,00

e)

Konto-Nr.	Kontobezeichnung	Soll €	Haben €
4860	Verbindlichkeiten aus VL	40,00	
2800	Bank		40,00

Lösungen zu Aufgabe 7: Personalbuchungen einschließlich Gehaltsvorschuss

	Lohnsteuer	446,16 €
+	5,5 % SolZ	24,54 €
+	8 % KiSt	35,69 €
=	**gesamte Steuerabzüge**	**506,39 €**

Sozialversicherung	Arbeitnehmer	Arbeitgeber
Krankenversicherung	228,63 €	228,63 €
Rentenversicherung	274,35 €	274,35 €
Arbeitslosenversicherung	36,88 €	36,88 €
Pflegeversicherung	52,36 €	44,99 €
Gesamt	592,22 €	584,85 €

Montag, 15.09.20..

Konto-Nr.	Kontobezeichnung	Soll €	Haben €
2650	Forderungen an Mitarbeiter	1.500,00	
2800	Bank		1.500,00

Freitag, 26.09.20..

Konto-Nr.	Kontobezeichnung	Soll €	Haben €
2640	Vorauszahlung SV (AN-Anteil)	592,22	
2640	Vorauszahlung SV (AG-Anteil)	584,85	
2800	Bank		1.177,07

Dienstag, 30.09.20..

Konto-Nr.	Kontobezeichnung	Soll €	Haben €
6300	Gehälter	2.950,00	
2650	Forderungen an Mitarbeiter		300,00
2640	Vorauszahlung SV (AN-Anteil)		592,22
4830	Verbindlichkeiten gegenüber dem Finanzamt		506,39
2800	Bank		1.551,39

Dienstag, 30.09.20..

Konto-Nr.	Kontobezeichnung	Soll €	Haben €
6410	AG-Anteil zur Sozialversicherung	584,85	
2640	Vorauszahlung SV (AG-Anteil)		584,85

Freitag, 10.10.20..

Konto-Nr.	Kontobezeichnung	Soll €	Haben €
4830	Verbindlichkeiten gegenüber dem Finanzamt	506,39	
2800	Bank		506,39

Lösung zu Aufgabe 8: Entgeltabrechnung unter Berücksichtigung von Steuerfreibeträgen

	Bruttoentgelt	3.770,00 €
+	AG-Anteil VL	16,00 €
-	Steuerfreibetrag	500,00 €
=	**steuerpflichtiges Bruttoentgelt**	**3.286,00 €**

	Lohnsteuer	282,33 €
+	5,5 % SolZ	0,00 €
+	8 % KiSt	11,16 €
=	**gesamte Steuerabzüge**	**293,49 €**

	Bruttoentgelt	3.770,00 €
+	AG-Anteil VL	16,00 €
=	**sozialversicherungspflichtiges Bruttoentgelt**	**3.786,00 €**

Sozialversicherung	Arbeitnehmer
Krankenversicherung	297,20 €
Pflegeversicherung	57,74 €
Rentenversicherung	352,10 €
Arbeitslosenversicherung	47,33 €
Gesamt	**754,37 €**

ACHTUNG

Der Steuerfreibetrag für Werbungskosten in Höhe von 500,00 vermindert nur das steuerpflichtige Entgelt (3.286,00 €), nicht jedoch die Bemessungsgrundlage (3.786,00 €) für die Berechnung der Sozialversicherungsbeiträge.

7. Finanzierung

Lösungen zu Aufgabe 1: Finanzierungsregeln

☒ Die Fristenkongruenz fordert, dass die Zeitdauer der Kapitalbindung der Fristigkeit des Kapitals entsprechen muss.

☐ Langfristiges Vermögen, z. B. Maschinen, darf auch mit kurzfristigen Darlehen finanziert werden.
→ Falsch, da mit dem Ende der Laufzeit des Darlehens die Finanzierung des Vermögens nicht mehr gesichert ist.

☒ Kurzfristiges Vermögen, z. B. Vorräte, kann bis zu 100 % mit kurzfristigen Darlehen finanziert werden.

☒ Die „Goldene Finanzierungsregel" fordert, dass kurzfristige Schulden zu 100 % durch flüssige Mittel und durch kurzfristig liquidierbares Vermögen, z. B. Forderungen aus Lieferungen und Leistungen, gedeckt sind.

☐ Risikoreiche Investitionen können jederzeit durch Fremdkapital finanziert werden.
→ Falsch, sie sollten immer mit Eigenkapital finanziert werden.

Lösungen zu Aufgabe 2: Finanzierungsarten

a) **Außenfinanzierung:** Dem Unternehmen fließt Kapital von außen zu, z. B. durch Einlagen der Gesellschafter oder durch Darlehen von Kreditinstituten.

Innenfinanzierung: Das Unternehmen erwirtschaftet die nötigen Mittel selbst, z. B. durch einbehaltene Gewinne oder freigesetztes Kapital.

Eigenfinanzierung: Der Unternehmer selbst oder die Gesellschafter, z. B. die Aktionäre, stellen dem Unternehmen ihr „eigenes" Kapital zur Verfügung. Diese Kapitalgeber sind am Unternehmen durch ihre Einlage beteiligt.

Fremdfinanzierung: Fremde Kapitalgeber, z. B. Kreditinstitute, stellen dem Unternehmen Kapital, z. B. durch Darlehen, zur Verfügung. Diese Kapitalgeber sind Gläubiger des Unternehmens.

Beteiligungsfinanzierung: Dies ist eine Form der Außenfinanzierung als Eigenfinanzierung. Die Kapitalgeber sind Eigentümer oder Miteigentümer des Unternehmens, z. B. Aktionäre einer AG.

Selbstfinanzierung: Dies ist eine Form der Innenfinanzierung, die durch einbehaltene Gewinne zustande kommt.

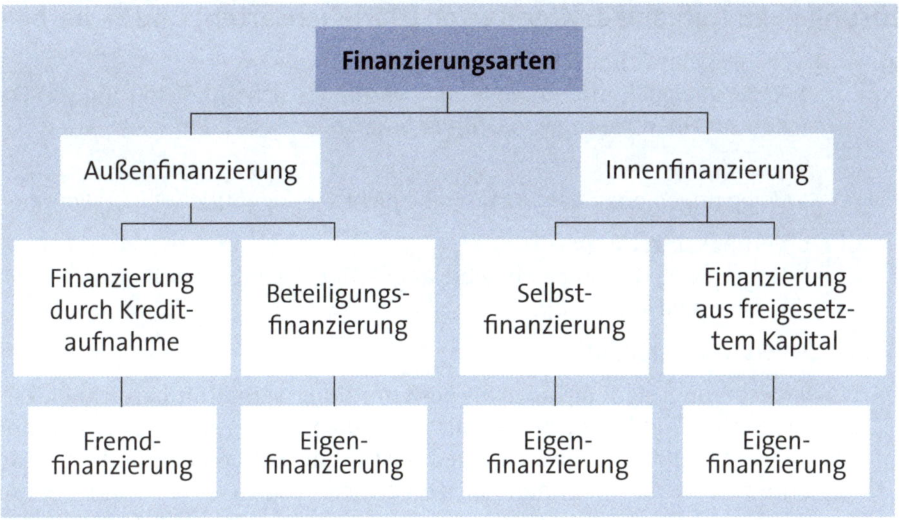

b) Wenn Umsatzerlöse aus Verkäufen von Fertigprodukten, Handelswaren oder Dienstleistungen in das Unternehmen zurückfließen, enthalten sie auch einen bestimmten Anteil an Abschreibungen des Anlagevermögens. Wenn man diese Beträge „sammelt", steht am Ende der Nutzungsdauer eines Anlagegutes, also z. B. bei einer Maschine nach 10 oder 15 Jahren, der ehemalige Kaufpreis zur Verfügung. Diese Summe kann für eine Ersatzinvestition verwendet werden.

c) ☒ Diese Kapitalerhöhung erfolgt durch die Ausgabe neuer Aktien, die auch als „junge" Aktien bezeichnet werden.

☐ Die Erhöhung erfolgt durch Privateinlagen der Vorstandsmitglieder.
→ Nein, da bei Kapitalgesellschaften keine Privateinlagen möglich sind. Sie sind nur bei Personengesellschaften oder Einzelunternehmen möglich.

☒ Durch diese Kapitalerhöhung verändert sich das Grundkapital (gezeichnetes Kapital).

☐ Die Verbindlichkeiten der AG nehmen dadurch zu.
→ Nein, Aktieneinlagen stellen Eigenkapital dar.

☒ Die sog. Altaktionäre haben ein Bezugsrecht auf diese neuen Aktien.

☐ Den Beschluss über diese Kapitalerhöhung kann der Vorstand alleine vornehmen.
→ Nein, hierzu ist die Zustimmung der Hauptversammlung mit einer Dreiviertelmehrheit notwendig.

☒ Zum Beschluss der Kapitalerhöhung ist die Dreiviertelmehrheit der anwesenden Stimmen bei der Hauptversammlung notwendig.

☒ Wenn der Ausgabepreis einer Aktie höher als der Nennwert oder ist, dann fließen der AG zusätzliche Mittel zu, die in die Kapitalrücklage eingebucht werden.

☐ Es handelt sich um eine Art der Beteiligungsfinanzierung als Innenfinanzierung.
→ Nein, es handelt sich um eine Außenfinanzierung.

Lösungen zu Aufgabe 3: Kreditarten (Darlehensarten) und Sicherheiten

a) ☐ Hypothek oder Grundschuld
→ Nicht geeignet, ihre Anwendung beschränkt sich auf Sicherung von Darlehen zur Finanzierung von Grundstücken oder Gebäuden.

☐ Verpfändung
→ Völlig ungeeignet, da die Maschine nicht mehr genutzt werden könnte.

☐ Forderungsabtretung
→ Ungeeignet, da es sich um eine langfristige Finanzierung handelt – Forderungen sind kurzfristig.

☒ Sicherungsübereignung

b) Bei der Sicherungseignung, auch als Besitzmittlungsverhältnis bezeichnet, kehren sich die Besitz- und Eigentumsverhältnisse durch einen Vertrag zwischen Kreditnehmer und Kreditgeber um. Das Kreditinstitut als Kreditgeber wird Eigentümer, der Unternehmer als Kreditnehmer ist lediglich Besitzer. Er kann mit dem Anlagegut arbeiten. Das Kreditinstitut ist im Fall eines Kreditausfalls Eigentümer und kann das Anlagegut sofort verkaufen, um damit die ausstehenden Tilgungsraten und Zinsansprüche zu befriedigen.

c) ☒ Sie kommt erst durch einen Vertrag zwischen Kreditnehmer und Kreditgeber zustande.

☒ Handelt es sich bei dem Bürgen um einen Kaufmann, kann der Bürgschaftsvertrag auch mündlich geschlossen werden.

☐ Bei der Selbstschuldnerischen Bürgschaft kann der Bürge das Recht der Einrede der Vorausklage geltend machen.
→ Falsch, hier wird er unmittelbar in Anspruch genommen.

☒ „Einrede der Vorausklage" bedeutet, der Bürge kann erst die Zwangsvollstreckung des Hauptschuldners fordern.

d) Durch diese Vereinbarung im Rahmen eines Kaufvertrages bleibt der Lieferant solange Eigentümer der gelieferten Stoffe oder Waren, bis der Kunde den Kaufpreis vollständig bezahlt hat. Er kann also die Lieferung wieder zurückfordern, wenn die Zahlung nicht vollständig erfolgt ist.

e) ☒ Eine Grundschuld ist eine abstrakte (nicht akzessorische) Art der Sicherung.

☐ Hypotheken und Grundschulden sind völlig identisch, sie unterscheiden sich nur durch ihren Begriff.
→ Falsch, eine Hypothek ist streng akzessorisch, also immer an die Forderung gebunden. Eine Grundschuld ist abstrakt, d. h. sie kann auch ohne eine Forderung bestehen.

☒ Grundpfandrechte werden in das Grundbuch des Kreditnehmers eingetragen.

☒ Eine Grundschuld kann nach Tilgung des Darlehens ohne weiteres für ein Folgedarlehen verwendet werden, sofern sie nicht im Grundbuch gelöscht wurde.

☒ Eine Hypothek besteht immer nur genau in der Höhe, in der eine Forderung besteht.

- ☐ Über jedes Grundpfandrecht muss grundsätzlich ein Brief ausgestellt werden.
  → Nein, dies kann vertraglich und durch Eintrag im Grundbuch ausgeschlossen werden. Das ist meistens der Fall.
- ☐ Hypotheken und Grundschulden können nur von Kreditinstituten als Sicherheit gefordert werden.
  → Nein, dies kann jeder Kreditgeber fordern bzw. vereinbaren.
- ☒ Die Hypothek und die Grundschuld sind im Bürgerlichen Gesetzbuch (BGB) geregelt.

Lösungen zu Aufgabe 4: Buchung der Aufnahme und Tilgung eines Darlehens

a) Unter Annuität versteht man den Gesamtbetrag aus Zinsen und Tilgung. Bei dieser Darlehensart werden die abnehmenden Zinsen jeweils der Tilgung zugeschlagen. Dadurch bleibt die Annuität gleich. Die Tilgung wird dadurch immer höher und die Zinsen werden geringer. Dadurch verkürzt sich die Tilgungszeit im Gegensatz zu einem Darlehen mit einer ständig abnehmenden oder gleichbleibenden Tilgung.

b)

Konto-Nr.	**Kontobezeichnung**	**Soll €**	**Haben €**
2800	Bank	500.000,00	
4250	Langfristige Bankverbindlichkeiten		500.000,00

c) Berechnen Sie die Annuität für das erste Monat der Laufzeit.

$$\text{Zinsen} = \frac{500.000,00\ € \cdot 3}{100 \cdot 12} = \mathbf{1.250,00\ €}$$

$$\text{Tilgung} = \frac{500.000,00\ € \cdot 6}{100 \cdot 12} = \mathbf{2.500,00\ €}$$

Annuität = Zinsen 1.250,00 € + Tilgung 2.500,00 € = **3.750,00 €**

d)

Konto-Nr.	**Kontobezeichnung**	**Soll €**	**Haben €**
7510	Zinsaufwand	1.250,00	
4250	Langfristige Bankverbindlichkeiten	2.500,00	
2800	Bank		3.750,00

Lösungen zu Aufgabe 5: Leasing

a) Unter Leasing versteht man die vertraglich vereinbarte Überlassung von Investitionsgütern in einem Verhältnis, das der Vermietung gleicht.

b) ☒ Der Leasinggegenstand, hier Fahrzeuge, erscheint nicht in der Bilanz der Sport Equipment AG.

☒ Die Sport Equipment AG bezahlt an die Euro Leasing GmbH Leasinggebühren, die sie als Aufwand verbucht.

☐ Die Leasinggebühren werden in der Kostenrechnung abgegrenzt, da sie betriebsfremd sind.
→ Falsch, Leasinggebühren stellen Grundkosten dar und gehen voll in die Betriebsergebnisrechnung ein.

☐ Die Fahrzeuge werden mit dem gültigen AfA-Satz bei der Sport Equipment abgeschrieben.
→ Nein, sie können nicht abgeschrieben werden, da sie beim Leasingnehmer nicht bilanziert sind.

☒ Nach Ablauf des Leasingvertrages gibt die Sport Equipment AG die Fahrzeuge an die Euro Leasing GmbH zurück.

☒ Leasing „schont" die Liquidität, da die Anschaffungskosten für die Fahrzeuge entfallen.

Lösungen zu Aufgabe 6: Factoring

a) Factoring ist der Verkauf von Forderungen aus Lieferungen und Leistungen an einen Factor vor dem Fälligkeitstag.

b) ☐ Der Factor kauft jede Forderung an, unabhängig von der Bonität des Schuldners.
→ Nein, dies ist nicht der Fall, da Factoringgesellschaften auch nur ein begrenztes Risiko eingehen.

☒ Factoring schafft Liquidität, da die Sport Equipment AG die Rechnungssumme abzüglich Gebühren kurz nach Rechnungsstellung erhält und nicht auf die Zahlung des Kunden warten muss.

☐ Der Factor bevorschusst die Forderung grundsätzlich zu 100 %.
→ Dies ist nicht der Fall, da der Factor immer einen bestimmten Prozentsatz als Sicherheit einbehält und außerdem Gebühren verrechnet.

☒ Factoring kann günstiger als ein kurzfristiger Kredit bei der Bank sein.

☒ Beim offenen Factoring wird die Rheinland Factoring GmbH neuer Gläubiger der Forderungen, der Schuldner überweist direkt an den Factor.

☒ Stilles Factoring ist für den Schuldner nicht erkennbar, da er nach wie vor an die Sport Equipment AG überweisen würde, die dann den Betrag an die Rheinland Factoring GmbH weiterleitet.

☒ Die Rheinland Factoring GmbH übernimmt auch das Ausfallrisiko der Forderung, was man als Delkredere bezeichnet. Dafür berechnet sie eine prozentuale Provision vom Forderungsbetrag.

☒ Factoringgesellschaften können auch die Durchführung der Debitorenbuchhaltung als Servicefunktion anbieten. Dazu gehören das Mahnwesen, die Fakturierung, die Kreditüberwachung und das Inkasso der Forderungen.

☐ Wenn eine bestehende Forderung an einen Factor verkauft wird, erfolgt in der Bilanz ein Passivtausch, die Forderungen nehmen ab, die Liquidität (Guthaben bei Kreditinstituten) nimmt zu.
→ Falsch, es handelt sich um einen Aktivtausch.

☐ Factoring wirkt sich in der Bilanz nicht aus, da die Forderung bestehen bleibt, auch wenn sie an den Factor verkauft wurde.
→ Falsch, eine verkaufte Forderung erscheint nicht mehr in der Bilanz des Gläubigers, also hier der Sport Equipment AG.

8. Bewertung von Bilanzpositionen und Buchungen beim Jahresabschluss

Lösungen zu Aufgabe 1: Aktive Rechnungsabgrenzungen

INFO

Wenn Aufwendungen des neuen Geschäftsjahres bereits im alten Jahr zu Ausgaben führen, müssen sie am Bilanzstichtag auf dem Konto 2900 Aktive Rechnungsabgrenzungen erfasst werden. Dieser Posten wird als transitorischer Posten (lat. transire = hinübergehen) bezeichnet.

Buchung am 30.09.2020:

Konto-Nr.	Kontobezeichnung	Soll €	Haben €
6900	Versicherungsbeiträge	2.940,00	
2800	Bank		2.940,00

Buchung am 31.12.2020:

Konto-Nr.	Kontobezeichnung	Soll €	Haben €
2900	Aktive Rechnungsabgrenzung	2.205,00	
6900	Versicherungsbeiträge		2.205,00
8020	Gewinn- und Verlustkonto	735,00	
6900	Versicherungsbeiträge		735,00
8010	Schlussbilanzkonto	2.205,00	
2900	Aktive Rechnungsabgrenzung		2.205,00

ACHTUNG

Auf dem Konto 2900 Aktive Rechnungsabgrenzung am Bilanzstichtag immer den Betrag erfassen, der wertmäßig in das neue Geschäftsjahr gehört.

01.01.2021 bis 30.09.2021 = 9 Monate

12 Monate = 2.940,00 €

9 Monate = x x = 2.205,00 €

Buchung am 01.01.2021:

Konto-Nr.	Kontobezeichnung	Soll €	Haben €
2900	Aktive Rechnungsabgrenzung	2.205,00	
8000	Eröffnungsbilanzkonto		2.205,00
6900	Versicherungsbeiträge	2.205,00	
2900	Aktive Rechnungsabgrenzung		2.205,00

Lösungen zu Aufgabe 2: Passive Rechnungsabgrenzungen

INFO

Wenn Erträge des neuen Geschäftsjahres bereits im alten Jahr zu Einnahmen führen, müssen sie am Bilanzstichtag auf dem Konto 4900 Passive Rechnungsabgrenzungen erfasst werden. Dieser Posten wird als transitorischer Posten (lat. transire = hinübergehen) bezeichnet.

Buchung am 01.12.2020:

Konto-Nr.	Kontobezeichnung	Soll €	Haben €
2800	Bank	7.200,00	
5400	Mieterträge		7.200,00

Buchung am 31.12.2020:

Konto-Nr.	Kontobezeichnung	Soll €	Haben €
5400	Mieterträge	4.800,00	
4900	Passive Rechnungsabgrenzung		4.800,00
4900	Passive Rechnungsabgrenzung	4.800,00	
8010	Schlussbilanzkonto		4.800,00
5400	Mieterträge	2.400,00	
8020	Gewinn- und Verlustkonto		2.400,00

ACHTUNG

Auf dem Konto 4900 Passive Rechnungsabgrenzung am Bilanzstichtag immer den Betrag erfassen, der wertmäßig in das neue Geschäftsjahr gehört.

01.01.2021 bis 28.02.2021 = 2 Monate (Alternativ könnte man auch den Februar taggenau abgrenzen: 30 + 30 + 28 = 88 Tage.)

3 Monate = 7.200,00 €

2 Monate = x x = 4.800,00 €

Buchung am 01.01.2021:

Konto-Nr.	Kontobezeichnung	Soll €	Haben €
8000	Eröffnungsbilanzkonto	4.800,00	
4900	Passive Rechnungsabgrenzung		4.800,00
4900	Passive Rechnungsabgrenzung	4.800,00	
5400	Mieterträge		4.800,00

Lösungen zu Aufgabe 3: Sonstige Forderungen

INFO

Wenn Erträge des alten Geschäftsjahres erst im neuen Jahr zu Einnahmen führen, müssen sie am Bilanzstichtag auf dem Konto 2690 Sonstige Forderungen erfasst werden. Dieser Posten wird als antizipativer Posten (lat. anticipere = vorwegnehmen) bezeichnet.

$$\frac{340.000{,}00\ € \cdot 6{,}2 \cdot 180\ \text{Tage}}{360\ \text{Tage} \cdot 100} = 10.540{,}00\ €$$

180 Tage = 10.540,00 €
90 Tage = x   x = 5.270,00 €

Buchung am 31.12.2020:

Konto-Nr.	Kontobezeichnung	Soll €	Haben €
2690	Sonstige Forderungen	5.270,00	
5710	Zinserträge		5.270,00
5710	Zinserträge	5.270,00	
8020	Gewinn- und Verlustkonto		5.270,00
8010	Schlussbilanzkonto	5.270,00	
2690	Sonstige Forderungen		5.270,00

ACHTUNG

Auf dem Konto 2690 Sonstige Forderungen am Bilanzstichtag immer den Betrag erfassen, der wertmäßig in das alte Geschäftsjahr gehört.

01.10. bis 31.12. = 90 Tage

180 Tage = 10.540,00 €

90 Tage = x   x = 5.270,00 €

Buchung am 01.01.2021:

Konto-Nr.	Kontobezeichnung	Soll €	Haben €
2690	Sonstige Forderungen	5.270,00	
8000	Eröffnungsbilanzkonto		5.270,00

Buchung am 31.03.2021:

Konto-Nr.	Kontobezeichnung	Soll €	Haben €
2800	Bank	10.540,00	
2690	Sonstige Forderungen		5.270,00
5710	Zinserträge		5.270,00

Lösungen zu Aufgabe 4: Sonstige Verbindlichkeiten

INFO

Wenn Aufwendungen des alten Geschäftsjahres erst im neuen Jahr zu Ausgaben führen, müssen sie am Bilanzstichtag auf dem Konto 4890 Sonstige Verbindlichkeiten erfasst werden. Dieser Posten wird als antizipativer Posten (lat. anticipere = vorwegnehmen) bezeichnet.

ACHTUNG

Der Vorsteuerabzug ist möglich, da die Leistung bereits in Anspruch genommen wurde und die Rechnung im alten Geschäftsjahr bereits vorliegt.

Buchung am 31.12.2020:

Konto-Nr.	Kontobezeichnung	Soll €	Haben €
6720	Lizenzgebühren	2.000,00	
2600	Vorsteuer	380,00	
4890	Sonstige Verbindlichkeiten		2.380,00
8020	Gewinn- und Verlustkonto	2.000,00	
6720	Lizenzgebühren		2.000,00
4890	Sonstige Verbindlichkeiten	2.380,00	
8010	Schlussbilanzkonto		2.380,00

ACHTUNG

Auf dem Konto 4890 Sonstige Verbindlichkeiten am Bilanzstichtag immer den Betrag erfassen, der wertmäßig in das alte Geschäftsjahr gehört.

01.12.2020 bis 31.12.2020 = 30 Tage

90 Tage = 7.140,00 €

30 Tage = x   x = 2.380,00 €

Buchung am 01.01.2021:

Konto-Nr.	Kontobezeichnung	Soll €	Haben €
8000	Eröffnungsbilanzkonto	2.380,00	
4890	Sonstige Verbindlichkeiten		2.380,00

Buchung am 28.02.2021:

Konto-Nr.	Kontobezeichnung	Soll €	Haben €
6720	Lizenzgebühren	4.000,00	
2600	Vorsteuer	760,00	
4890	Sonstige Verbindlichkeiten	2.380,00	
2800	Bank		7.140,00

Lösungen zu Aufgabe 5: Rückstellungen I

ACHTUNG

Die Vorsteuer darf noch nicht verrechnet werden, da zum 31.12. des alten Geschäftsjahres noch keine Rechnung der Anwaltskanzlei vorliegt, und das Gerichtsverfahren noch nicht abgeschlossen ist.

100 % = 20.000,00 € (netto)

30 % = x   x = 6.000,00 €

Buchung am 31.12.2020:

Konto-Nr.	Kontobezeichnung	Soll €	Haben €
6770	Rechts- und Beratungskosten	6.000,00	
3930	Rückstellungen für ungewisse Verbindlichkeiten		6.000,00
8020	Gewinn- und Verlustkonto	6.000,00	
6770	Rechts- und Beratungskosten		6.000,00
3930	Rückstellungen für ungewisse Verbindlichkeiten	6.000,00	
8010	Schlussbilanzkonto		6.000,00

a) 100 % = 18.000,00 € (netto)
33 $\frac{1}{3}$ % = x   x = 6.000,00 €

Buchung am 15.03.2021:

Konto-Nr.	Kontobezeichnung	Soll €	Haben €
3930	Rückstellungen für ungewisse Verbindlichkeiten	6.000,00	
2600	Vorsteuer	1.140,00	
2800	Bank		7.140,00

b) 100 % = 18.000,00 € (netto)
25 % = x   x = 4.500,00 €

Buchung am 15.03.2021:

Konto-Nr.	Kontobezeichnung	Soll €	Haben €
3930	Rückstellungen für ungewisse Verbindlichkeiten	6.000,00	
2600	Vorsteuer	855,00	
2800	Bank		5.355,00
5480	Erträge aus der Auflösung von Rückstellungen		1.500,00

c) 100 % = 18.000,00 € (netto)
40 % = x   x = 7.200,00 €

Buchung am 15.03.2021:

Konto-Nr.	Kontobezeichnung	Soll €	Haben €
3930	Rückstellungen für ungewisse Verbindlichkeiten	6.000,00	
6990	Periodenfremde Aufwendungen	1.200,00	
2600	Vorsteuer	1.368,00	
2800	Bank		8.568,00

Lösungen zu Aufgabe 6: Rückstellungen II

a) Gemäß § 249 Absatz 1 Satz 3 HGB besteht für unterlassene Instandsetzungsaufwendungen, die nach drei Monaten, innerhalb des folgenden Geschäftsjahres nachgeholt werden, eine Passivierungspflicht.

Da die Sport Equipment AG die notwendigen Reparaturarbeiten im Februar 2021 durchführen lies, ist die Dreimonatsfrist nach Bilanzstichtag eingehalten, sodass am 31.12.2020 eine Rückstellung für die notwendigen Reparaturarbeiten am Dach des Verwaltungsgebäudes gebildet werden muss.

b) Buchung zum 31.12.2020:

Konto-Nr.	Kontobezeichnung	Soll €	Haben €
6160	Fremdinstandhaltung	58.800,00	
3990	Rückstellungen für Aufwendungen		58.000,00

ACHTUNG

Bei der Bildung der Rückstellungen wird keine Umsatzsteuer (hier Vorsteuer) gebucht, da die Eingangsrechnung für die Reparaturarbeiten zum 31.12.2017 noch nicht vorliegt. Die Rückstellung ist somit netto zu buchen.

119 % = 69.972,00 €

100 % = x   x = 58.800,00 €

Konto-Nr.	Kontobezeichnung	Soll €	Haben €
8020	Gewinn- und Verlustkonto	58.800,00	
6160	Fremdinstandhaltung		58.800,00
3990	Rückstellungen für Aufwendungen	58.800,00	
8010	Schlussbilanzkonto		58.800,00

c) Buchung am 01.01.2021:

Konto-Nr.	Kontobezeichnung	Soll €	Haben €
8000	Eröffnungsbilanzkonto	58.800,00	
3990	Rückstellungen für Aufwendungen		58.000,00

d) Buchung am 04.03.2021:

Konto-Nr.	Kontobezeichnung	Soll €	Haben €
3990	Rückstellungen für Aufwendungen	58.800,00	
6990	Periodenfremde Aufwendungen	1.200,00	
2600	Vorsteuer	11.400,00	
2800	Bank		71.400,00

e) Buchung am 04.03.2021:

Konto-Nr.	Kontobezeichnung	Soll €	Haben €
3990	Rückstellungen für Aufwendungen	58.800,00	
2600	Vorsteuer	10.640,00	
2800	Bank		66.640,00
5480	Erträge aus der Auflösung von Rückstellungen		2.800,00

f) Die Passivseite der Bilanz war im Zeitraum von der Bildung der Rückstellung in Höhe von 58.800,00 € und der Auflösung in Höhe von 56.000,00 € überbewertet. Es kommt somit zur Bildung einer sogenannten stillen Rücklage (stiller Reserven) in Höhe von 2.800,00 €, da diese im Gegensatz zu offenen Rücklagen (z. B. Gewinnrücklagen) von einem externen Bilanzanalytiker nicht aus der Bilanz der Sport Equipment AG zu ersehen sind.

Die Überbewertung des Passivpostens 3990 Rückstellungen für Aufwendungen in der Bilanz bedeutet auch gleichzeitig eine Aufwandserhöhung in der Gewinn- und Verlustrechnung und führt somit zu einer Gewinnminderung. Die Höhe des Gewinns dient einerseits als Bemessungsgrundlage für die gewinnabhängigen Steuern (Körperschaftsteuer und Gewerbesteuer) und steht andererseits zur Gewinnausschüttung an die Aktionäre (Dividende) zur Verfügung.

Eine Gewinnminderung durch den „überhöhten" Ansatz von Rückstellungen bedeutet also, dass flüssige Mittel nicht durch Steuerzahlungen und Gewinnausschüttungen abfließen, sondern in der Sport Equipment AG gebunden bleiben. Da diese Gewinnanteile nicht offen im Jahresabschluss ausgewiesen sind, bezeichnet man die Bildung stiller Reserven auch als verdeckte Selbstfinanzierung.

Erst bei der Auflösung der Rückstellung werden die stillen Reserven „offen" gelegt, indem sie auf dem Konto 5480 Erträge aus der Auflösung von Rückstellungen erfasst werden.

Lösungen zu Aufgabe 7: Stille Reserven (Rücklagen)

- ☐ Ein Pkw wird linear über acht Jahre abgeschrieben. Die Anschaffungskosten betragen 36.000,00 €. Der Verkaufswert des Pkw beträgt am Ende des dritten Nutzungsjahres 20.000,00 €.
- ☐ Die Sport Equipment AG bildet für zu erwartete Gewährleistungsansprüche am 31.12.2020 eine Rückstellung in Höhe von 100.000,00 €. Im Jahr 2021 müssen Gewährleistungszahlungen in Höhe von 120.000,00 € geleistet werden.
- ☒ Die Sport Equipment AG erfasst alle Bürostühle gemäß der 800,00 €-Regel als Geringwertiges Wirtschaftsgut und schreibt diese entsprechend am Ende des ersten Nutzungsjahres voll ab. Da die Bürostühle weiterhin genutzt werden, stehen sie am Ende des zweiten Nutzungsjahres mit einem Erinnerungswert von 1,00 € in der Bilanz.
- ☐ Die Sport Equipment AG stellt einen Teil des Jahresüberschuss in die Position 3230 Satzungsmäßige Gewinnrücklagen ein.
- ☒ Ein Grundstück, das von der Sport Equipment AG als Parkplatz genutzt wird steht unter der Position 0500 Unbebaute Grundstücke mit 500.000,00 € in der Bilanz. Ein Immobilienmakler hat den aktuellen Marktwert des Grundstücks kürzlich mit 1.200.000,00 € veranschlagt.

Lösungen zu Aufgabe 8: Zeitliche Abgrenzungen und Rückstellungen

Geschäftsfall	ARA	PRA	SoFo	SoVe	RST
1. Die Sport Equipment AG vermietet eine nicht mehr benötigte Lagerhalle an ein Speditionsunternehmen. Der Mieter überweist die Miete für Januar 2021 bereits im Dezember 2020.		X			
2. Die Kfz-Steuer wurde am 01.10.2020 für ein Jahr im Voraus bezahlt.	X				
3. Die Gewerbesteuernachforderung des Finanzamtes Erlangen wird für das abgelaufene Geschäftsjahr am 31.12.2020 auf voraussichtlich 5.000,00 € geschätzt.					X
4. Für ein von uns gewährtes Darlehen an einen Lieferanten erhält die Sport Equipment AG die Zinsen für ein Quartal (01.11. - 01.02.) in Höhe von 3.500,00 € am 01.02.2020.			X		

Geschäftsfall	ARA	PRA	SoFo	SoVe	RST
5. Infolge unvorhergesehener Preissteigerungen auf dem Rohstoffmarkt wird ein zu variablen Preisen vereinbarter Liefervertrag zu erheblichen Verlusten führen.					X
6. Die Sport Euipment AG überweist die Leasingraten für Außendienstfahrzeuge für das letzte Quartal 2019 am 19.01.2020				X	
7. Ein Handelvertreter der Sport Equipment AG erhält seine Dezember-Provision erst am 10.01. des neues Geschäftsjahres überwiesen				X	
8. Die jährliche Prämie für die Gebäudeversicherung der Fertigungsstätten wurde am 15.08.2020 per Lastschrift eingezogen.	X				
9. Die Sport Equipment AG erhält die Halbjahreszinsen aus einer Termineinlage nachträglich am 02.02.2020 von der Süddeutschen Kreditbank AG gutgeschrieben.			X		
10. Die Kosten für die Prüfung des Jahresabschlusses der Sport Equipment AG im April 2020 werden von einem Wirtschaftsprüfer am 31.12.2019 auf 25.000,00 € geschätzt.					X

Lösungen zu Aufgabe 9: Bewertung von Vermögen

- ☐ Sie erfassen ein Außendienstfahrzeug unter der Position 0840 Fuhrpark zum jeweiligen Rechbuchwert.
- ☐ Sie erfassen ein Außendienstfahrzeug unter der Position 0840 Fuhrpark zu den sogenannten fortgeführten Anschaffungskosten.
- ☐ Für Wertpapiere des Anlagevermögens (Finanzanlagen) gilt bei nur vorübergehender Wertminderung zum 31.12.2020 ein Abschreibungswahlrecht.
- ☐ Ein Bürostuhl zum Preis von brutto 177,90 € wird auf dem Konto 0890 Abschreibungspool 2019 und linear über fünf Jahre abgeschrieben.
- ☒ Ein Betriebsgrundstück der Sport Equipment AG steht mit einem Restbuchwert von 800.000,00 € zum 31.12.2020 in der Bilanz. Der Marktpreis des Grundstücks wird gemäß Sachverständigengutachten eines Immobilienmaklers auf 1,2 Mio. € geschätzt. Dieser Bewertungsansatz führt zum Aufbau von „stillen Reserven“ in Höhe von 800.000,00 €.

☐ Gegen unseren Kunden „Schmidt GmbH" wurde am 03.12.2019 das Insolvenzverfahren eröffnet. Unsere Forderungen gegenüber der Schmidt GmbH belaufen sich auf insgesamt 33.333,00 € netto. Am 03.12.2019 buchen Sie wie folgt:

Konto-Nr.	Kontobezeichnung	Soll €	Haben €
2470	Zweifelhafte Forderungen	39.666,27	
2400	Forderungen a. LL		39.666,27

☐ Für gleichartige Vorräte lässt der Gesetzgeber gemäß HGB bestimmte Sammelbewertungsverfahren zu.

☒ Für Vermögensgegenstände des Anlagevermögens gilt grundsätzlich das sogenannte Höchstwertprinzip.

☐ Die Sport Equipment AG hat durch die eigene IT-Abteilung eine neue Software entwickeln lassen, die in der Fertigungssteuerung eingesetzt wird. Die Entwicklungskosten in Höhe von 50.000,00 € werden unter der Position 0200 Immaterielle Vermögensgegenstände aktiviert.

☐ Für Vermögensgegenstände des Anlagevermögens gilt grundsätzlich das sogenannte strenge Niederstwertprinzip.

☐ Die Sport Equipment AG stattet die Rechnungswesenabteilung mit neuen Regalwänden aus, die sie selbst hergestellt hat. Der Wertansatz erfolgt zu den Herstellungskosten.

☒ Die Sport Equipment AG nimmt zur Finanzierung eines neuen Grundstücks bei der Eurobank AG ein langfristiges Darlehen auf. Die monatlich zu zahlenden Darlehenszinsen zählen zu den Anschaffungsnebenkosten und werden am 31.12.2020 auf dem Konto 0500 Unbebaute Grundstücke aktiviert.

Lösungen zu Aufgabe 10: Ermittlung der Anschaffungskosten und Buchung der Abschreibungen

a) Sämtliche aufgeführten Nebenkosten stellen Anschaffungsnebenkosten dar, da Sie dem Anlagegegenstand (Kleintransporter) unmittelbar zuzurechnen sind. Sie dürfen deshalb nicht als Aufwand gebucht werden und erhöhen die Anschaffungskosten. Der Skonto für die Anhängerkupplung muss abgezogen werden. Die gesamten Anschaffungskosten betragen daher 31.447,00 €.

	Fahrzeug	27.000,00 €
+	Sonderlackierung/Werbeaufdruck	2.100,00 €
+	Überführung	420,00 €
+	Zulassung	65,00 €
+	Anhängerkupplung (skontiert)	1.862,00 €
=	**gesamte Anschaffungskosten**	**31.447,00 €**

b) $\frac{31.447{,}00\ €}{6\ \text{Jahre}}$ = **5.241,17 €** pro Jahr

Da der Lkw im Monat 07 angeschafft wurde, kann die Abschreibung im Jahr 2020 nur für sechs Monate vorgenommen werden. Die Abschreibung beträgt daher in 2020 50 % von 5.241,17 € = 2.620,58 €. Die Abschreibungsdauer verlängert sich dadurch um ein Jahr. Im Jahr 2020 soll der Restwert in Höhe von 2.620,57 € abgeschrieben werden.

	Anschaffungskosten 02.07.2020	31.447,00 €
-	Abschreibung 2020	2.620,58 €
=	Restwert 31.12.2020	28.826,42 €
-	Abschreibung 2021	5.241,17 €
=	Restwert 31.12.2021	23.585,25 €
-	Abschreibung 2022	5.241,17 €
=	Restwert 31.12.2022	18.344,08 €
-	Abschreibung 2023	5.241,17 €
=	Restwert 31.12.2023	13.102,91 €
-	Abschreibung 2024	5.241,17 €
=	Restwert 31.12.2024	7.861,74 €
-	Abschreibung 2025	5.241,17 €
=	Restwert 31.12.2025	2.620,57 €
-	Abschreibung 2026	2.620,57 €
=	**Restwert 31.12.2026**	**0,00 €**

c)

Konto-Nr.	Kontobezeichnung	Soll €	Haben €
6520	Abschreibungen auf Sachanlagen	2.620,58	
0840	Fuhrpark		2.620,58

Lösungen zu Aufgabe 11: Bewertung von Forderungen I

Buchung am 15.10.2020:

Konto-Nr.	Kontobezeichnung	Soll €	Haben €
2470	Zweifelhafte Forderungen	27.132,00	
2400	Forderungen a. LL		27.132,00

Buchung am 06.12.2020:

Konto-Nr.	Kontobezeichnung	Soll €	Haben €
6951	Abschreibungen auf Forderungen	22.800,00	
4800	Umsatzsteuer	4.332,00	
2470	Zweifelhafte Forderungen		27.132,00

Lösungen zu Aufgabe 12: Bewertung von Forderungen II

Buchung am 02.12.2019:

Konto-Nr.	Kontobezeichnung	Soll €	Haben €
2470	Zweifelhafte Forderungen	52.098,20	
2400	Forderungen a. LL		52.098,20

Buchung am 31.12.2019:

Konto-Nr.	Kontobezeichnung	Soll €	Haben €
6952	Einstellung in Einzelwertberichtigungen	35.024,00	
3670	Einzelwertberichtigungen zu Forderungen		35.024,00

Buchung am 18.05.2020:

Konto-Nr.	Kontobezeichnung	Soll €	Haben €
2800	Bank	13.024,55	
6951	Abschreibungen auf Forderungen	32.835,00	
4800	Umsatzsteuer	6.238,65	
2470	Zweifelhafte Forderungen		52.098,20

Lösung zu Aufgabe 13: Bewertung von Vorräten I

Die *Fifo-Methode* unterstellt, dass die zuerst beschafften (hergestellten) Güter auch als erstes im Rahmen des Produktionsprozesses verbraucht (verkauft) werden (first in – first out). Der Inventurbestand setzt sich somit immer aus den zeitlich „letzten" Einkäufen zusammen.

Die *Lifo-Methode* geht dagegen von der Annahme aus, dass die zeitlich zuletzt erworbenen bzw. hergestellten Güter auch wieder als erstes verbraucht bzw. verkauft werden (last in – first out). Somit setzt sich der Inventurbestand aus dem Anfangsbestand und den zeitlich „ersten" Einkäufen des Geschäftsjahres zusammen.

Lösungen zu Aufgabe 14: Bewertung von Vorräten II

a)

AB/Zugang	Datum	Menge/Stück	AK in € je Stück	Gesamtwert in €
AB	01.01.	300	4,74	1.422,00
Zugang	19.01.	200	5,35	1.070,00
Bestand	19.01.	500	4,98	2.492,00
Entnahme	02.02.	120	4,98	597,60
Bestand	02.02.	380	4,99	1.894,40
Zugang	04.03.	400	5,15	2.060,00
Bestand	04.03.	780	5,07	3.954,40
Entnahme	28.05.	500	5,07	2.535,00
Bestand	28.05.	280	5,07	1.419,40
Zugang	15.06.	500	4,80	2.400,00
Bestand	15.06.	780	4,90	3.819,40
Zugang	15.08.	350	5,50	1.925,00
Bestand	15.08.	1.130	5,08	5.744,40
Entnahme	15.09.	1.120	5,08	5.689,60
Bestand	15.09.	10	5,48	54,80
Zugang	20.09.	666	5,55	3.696,30
Bestand	20.09.	676	5,55	3.751,10
Zugang	15.10.	950	5,37	5.101,50
Bestand	15.10.	1.626	5,44	8.852,60
Entnahme	11.11.	880	5,44	4.787,20
Bestand	11.11.	746	5,45	4.065,40
Zugang	10.12.	455	4,80	2.184,00
Bestand	31.12.	**1.201**	**5,20**	**6.249,40**

Hinweis: Die Tabelle enthält Rundungsdifferenzen.

ba) Strenges Niederstwertprinzip für Vermögensgegenstände des Umlaufvermögens.

5,00 €/Stück < 5,20 €/Stück

5,00 €/Stück • 1.201 Stück **= 6.005,00 €**

bb) Strenges Niederstwertprinzip für Vermögensgegenstände des Umlaufvermögens

5,50 €/Stück > 5,20 €/Stück

5,20 €/Stück • 1.201 Stück **= 6.245,20 €**

c) Lifo = Last in – first out
Die zuletzt getätigten Zugänge werden bei der Lifo-Methode sofort wieder im Produktionsprozess verbraucht. Der Inventurwert setzt sich somit aus dem Anfangsbestand und den ersten Zugängen des Geschäftsjahres zusammen.

Lösungen zu Aufgabe 15: Bewertung von Schulden I

a)

Konto-Nr.	Kontobezeichnung	Soll €	Haben €
2800	Bank	500.000,00	
4230	Mittelfristige Bankverbindlichkeiten		500.000,00

ba) ACHTUNG

§ 256 a HGB unterscheidet bei Währungsverbindlichkeiten mit einer Restlaufzeit von mehr als einem Jahr oder bis zu einem Jahr:

Restlaufzeit mehr als ein Jahr: Von zwei möglichen Wertansätzen zum Bilanzstichtag ist stets der höhere Wert anzusetzen (zwingend Höchstwertprinzip).

Restlaufzeit bis zu einem Jahr: Bewertung der Verbindlichkeit zum Devisenkassamittelkurs am Bilanzstichtag.

Auf der Passiva der Bilanz gilt grundsätzlich das Höchstwertprinzip, d. h. die Bankverbindlichkeiten sind immer mit dem höchstmöglichen Rückzahlungsbetrag anzusetzen. In diesem Fall beträgt die Restlaufzeit des Darlehens mehr als ein Jahr.

Am Bilanzstichtag beträgt der Wechselkurs 15,500 ZAR/1,00 EUR, d. h. der Außenwert des Euro ist gestiegen und der Außenwert des Südafrikanischen Rand ist gesunken.

Der Kursgewinn in Höhe von 72.548,39 € (500.000,00 € - 427.451,61 €) darf aus Gründen der kaufmännischen Vorsicht nicht ausgewiesen werden, sodass die Verbindlichkeit mit dem ursprünglichen Darlehensbetrag von 500.000,00 € ausgewiesen wird.

bb) Am Bilanzstichtag beträgt der Wechselkurs 12,200 ZAR/1,00 EUR, d. h. der Außenwert des Südafrikanischen Rand ist gestiegen und der Außenwert des Euro ist gesunken.

Der Kursverlust in Höhe von 43.073,77 € (500.000,00 € - 543.073,77 €) muss aus Gründen der Vorsicht ausgewiesen werden, so das die Verbindlichkeit mit dem höheren Rückzahlungsbetrag von 543.073,77 € passiviert wird.

Folgende Buchung ist zum 31.12.2020 notwendig:

Konto-Nr.	Kontobezeichnung	Soll €	Haben €
2800	Bank	43.073,77	
4230	Mittelfristige Bankverbindlichkeiten		43.073,77

Lösungen zu Aufgabe 16: Bewertung von Schulden II

Buchung am 01.01.2020:

Konto-Nr.	Kontobezeichnung	Soll €	Haben €
2800	Bank	4.750.000,00	
2930	Aktive Rechnungsabgrenzung (Disagio)	250.000,00	
4250	Langfristige Bankverbindlichkeiten		5.000.000,00

ACHTUNG

Verteilen Sie das Disagio in Höhe von 250.000,00 € auf die Laufzeit des Darlehens.

10 Jahre = 250.000,00 €
1 Jahr = x x = 25.000,00 €

Buchung am 31.12.2020:

Konto-Nr.	Kontobezeichnung	Soll €	Haben €
7590	Zinsähnliche Aufwendungen	25.000,00	
2930	Aktive Rechnungsabgrenzung (Disagio)		25.000,00

Lösung zu Aufgabe 17: Ausweis von Eigenkapital in der Bilanz I

Konto-Nr.	Kontobezeichnung	Soll €	Haben €
2800	Bank	15.000.000,00	
3000	Gezeichnetes Kapital		10.000.000,00
3100	Kapitalrücklagen		5.000.000,00

Lösung zu Aufgabe 18: Ausweis von Eigenkapital in der Bilanz II

Konto-Nr.	Kontobezeichnung	Soll €	Haben €
8020	Gewinn- und Verlustkonto	200.000,00	
3210	Gesetzliche Rücklage		75.000,00
3230	Satzungsmäßige Rücklagen		125.000,00

Lösungen zu Aufgabe 19: Ausweis von Eigenkapital in der Bilanz III

a) 480 Mio. € • 0,05 = 24 Mio. €

b) (480 Mio. € - 24 Mio. €) : 2 = 228 Mio. €

1.126 Mio. € + 228 Mio. € **= 1.354 Mio. €**

c) 480 Mio. € - 24 Mio. € - 228 Mio. € **= 228 Mio. €**

d) 3.420.000.000,00 € : 1,50 € = 2.280.000.000 Aktien

228.000.000,00 € : 2.280.000.000 Aktien **= 0,10 €/Aktie**

9. Auswertung des Jahresabschlusses

Lösungen zu Aufgabe 1: Bestandteile des Jahresabschlusses

a) Bilanz, Gewinn- und Verlustrechnung, Anhang

b) Bilanz, Gewinn- und Verlustrechnung, Anhang, Lagebericht, Kapitalflussrechnung, Eigenkapitalspiegel

Lösung zu Aufgabe 2: Goldene Bilanzregel

- ☐ Sind Anlagevermögen durch langfristiges Fremdkapital und Umlaufvermögen durch kurzfristiges Fremdkapital gedeckt?
- ☐ Sind Umlaufvermögen durch Eigenkapital und Anlagevermögen durch langfristiges Fremdkapital gedeckt?
- ☐ Sind Eigenkapital und Fremdkapital annähernd gleich groß?
- ☐ Sind Anlagevermögen und die eisernen Bestände an Vorräten durch Eigenkapital und das übrige Umlaufvermögen durch langfristiges Fremdkapital gedeckt?
- ☒ Sind Anlagevermögen und eiserne Bestände an Vorräten durch Eigenkapital und langfristiges Fremdkapital, das übrige Umlaufvermögen durch mittel- und kurzfristiges Fremdkapital gedeckt?

Lösungen zu Aufgabe 3: Bilanzkennzahlen

a)

$$\text{Liquidität 1. Grades} = \frac{\text{flüssige Mittel} \cdot 100}{\text{kurzfristige Verbindlichkeiten}}$$

$$\frac{420 \cdot 100}{(440 + 320 + 2.460)} = \mathbf{13{,}04\ \%}$$

b)

$$\text{Eigenkapitalrentabilität} = \frac{\text{Jahresüberschuss} \cdot 100}{\text{Eigenkapital}}$$

$$\frac{1.600 \cdot 100}{(5.000 + 1.500 + 50 + 1.600)} = \mathbf{19{,}63\ \%}$$

c)

$$\text{Anlagedeckungsgrad II} = \frac{(\text{Eigenkapital} + \text{langfristiges Fremdkapital}) \cdot 100}{\text{Anlagevermögen}}$$

$$\frac{[(5.000 + 1.500 + 50 + 1.600) + (1.300 + 3.450)] \cdot 100}{(350 + 4.500 + 3.500 + 285 + 50)} = \mathbf{148{,}53\ \%}$$

d)

$$\text{Forderungsquote} = \frac{\text{Forderungen a. LL} \cdot 100}{\text{Gesamtvermögen}}$$

$$\frac{3.500 \cdot 100}{16.200} = \mathbf{21{,}60\ \%}$$

Lösungen zu Aufgabe 4: Kennzahlen der Bilanz und der GuV-Rechnung

a) 2.500.000,00 € + 2.927.700,00 € + 10.258.800,00 € = **15.686.500,00 €**

ACHTUNG

Der Bilanzgewinn zählt nicht zum Eigenkapital, sondern zum kurzfristigen Fremdkapital, da er für die Ausschüttung an die Aktionäre bis zur Hauptversammlung bereit gehalten werden muss.

ba)

$$\text{Anlagedeckungsgrad I} = \frac{\text{Eigenkapital} \cdot 100}{\text{Anlagevermögen}}$$

$$\frac{15.686.500{,}00 \cdot 100}{16.961.800{,}00} = \mathbf{92{,}48\ \%}$$

bb)

$$\text{Anlagedeckungsgrad II} = \frac{(\text{Eigenkapital} + \text{langfristiges Fremdkapital}) \cdot 100}{\text{Anlagevermögen}}$$

$$\frac{(15.686.500{,}00 + 3.445.500{,}00) \cdot 100}{16.961.800{,}00} = \mathbf{112{,}79\ \%}$$

bc)

$$\text{Eigenkapitalquote} = \frac{\text{Eigenkapital} \cdot 100}{\text{Gesamtvermögen}}$$

$$\frac{15.686.500{,}00 \cdot 100}{22.800.900{,}00} = \mathbf{68{,}80\ \%}$$

bd)

$$\text{Eigenkapitalrentabilität} = \frac{\text{Jahresüberschuss nach Steuern} \cdot 100}{\text{Eigenkapital}}$$

$$\frac{836.300{,}00 \cdot 100}{15.686.500{,}00} = \mathbf{5{,}33\ \%}$$

be)

$$\text{Debitorenziel} = \frac{\text{Forderungen a. LL} \cdot 360\ \text{Tage}}{\text{Umsatzerlöse}}$$

$$\frac{1.896.200{,}00 \cdot 360}{50.817.200{,}00} = 13{,}43\ \text{Tage} = \text{gerundet}\ \mathbf{14\ Tage}$$

bf)

$$\text{Liquidität 2} = \frac{(\text{liquide Mittel} + \text{Forderungen}) \cdot 100}{\text{kurzfristiges Fremdkapital}}$$

$$\frac{(773.100{,}00 + 1.896.200{,}00) \cdot 100}{3.218.900{,}00} = \mathbf{82{,}93\ \%}$$

INFO

Zum kurzfristigen Fremdkapital zählen die kurzfristigen Rückstellungen, die Verbindlichkeiten aus Lieferungen und Leistungen, die sonstigen kurzfristigen Verbindlichkeiten und die Umsatzsteuerverbindlichkeiten.

Lösungen zu Aufgabe 5: Eigenkapitalrentabilität

☐ Die Eigenkapitalrentabilität zeigt, wie viel Gewinn mit einer bestimmten Umsatzmenge erzielt wurde.

☐ Die Eigenkapitalrentabilität zeigt die Selbstfinanzierungskraft des Unternehmens, unabhängig von Abschreibungen und Zuführungen zu den Rückstellungen.

☒ Die Eigenkapitalrentabilität zeigt, wie sich das eingesetzte Eigenkapital verzinst.

☐ Die Eigenkapitalrentabilität zeigt die Rentabilität des insgesamt im Unternehmen eingesetzten Kapitals unabhängig von der Kapitalstruktur.

☒ Die Eigenkapitalrentabilität sollte über dem langfristigen Kapitalmarktzins liegen, da zusätzlich eine Risikoprämie für den Unternehmer zu erwirtschaften ist.

☐ Die Eigenkapitalrentabilität zeigt die Bindungsdauer des Kapitals; je höher die Kennzahl, desto häufiger wird das Kapital umgesetzt.

Lösung zu Aufgabe 6: Anlagendeckungsgrad

☐ Die Kennzahl sagt aus, inwieweit bestimmte Positionen durch Inanspruchnahme eines kurzfristigen Kontokorrentkredites finanziert wurden.

☐ Die Kennzahl gibt das Verhältnis zwischen Anlagevermögen und Umlaufvermögen an.

☐ Eine Steigerung des Anlagedeckungsgrades wird erreicht, wenn Gewinnrücklagen aufgelöst werden und an die Aktionäre in Form von Dividende ausgeschüttet werden.

☐ Die Kennzahl gibt Auskunft über die Zahlungsfähigkeit eines Unternehmens.

☒ Mithilfe des Anlagedeckungsgrades II kann kontrolliert werden, ob Positionen des Anlagevermögens durch langfristiges Kapital finanziert wurden.

Lösungen zu Aufgabe 7: Cashflow

a) ☐ Der Cashflow gibt die Selbstfinanzierungskraft eines Unternehmens wieder.

☐ Höhere Abschreibungsbeträge erhöhen die Kennzahl.

☒ Die Auflösung von Pensionsrückstellungen führt zu einer Erhöhung des Cashflow.

☒ Die Kennzahl gibt an, mit wie viel Prozent sich das eingesetzte Eigenkapital aufgrund der unternehmerischen Tätigkeit verzinst.

☐ Ein Jahresfehlbetrag reduziert den Cashflow.

☐ Eine positive Kennzahl gibt u. a. an, ob ein Unternehmen in der Lage ist, notwendige Reinvestitionen von Anlagegütern durch den Rückfluss von Abschreibungsgegenwerten über die Umsatzerlöse zu finanzieren.

b)

	Jahresüberschuss	218.000,00 €
+	planmäßige Abschreibungen auf das Anlagevermögen	132.000,00 €
+	Zuführung zu langfristigen Rückstellungen	1.000,00 €
=	**Cashflow**	**351.000,00 €**

ACHTUNG

1. Die kurzfristigen Rückstellungen werden nicht in die Berechnung einbezogen.
2. Bei den langfristigen Rückstellungen dürfen Sie nur die Differenz vom aktuellen Jahr zum vergangenen Jahr ansetzen – nie die Rückstellung selbst!

10. Kosten- und Leistungsrechnung

Lösungen zu Aufgabe 1: Teilbereiche und Systeme der Kostenrechnung

Folgende Aussagen sind falsch:

- ☐ Die Zuschlagskalkulation ist ein Teilbereich der Vollkostenrechnung.
- ☐ Die Teilkostenrechnung ist gleichzusetzen mit der Deckungsbeitragsrechnung.
- ☒ Eine Aufgabe des Betriebsabrechnungsbogens (BAB) ist die Verteilung der Einzelkosten auf die die Kostenstellen.
- ☐ Die Teilkostenrechnung unterteilt im Rahmen der Kostenartenrechnung in variable und fixe Kosten.
- ☐ Die Plankostenrechnung versucht zukunftsorientierte Kosten zu ermitteln.
- ☐ In Unternehmen mit Sortenfertigung ist die Anwendung der Äquivalenzziffernrechnung sinnvoll.
- ☐ Für kurzfristig zu treffende marktorientierte Entscheidungen liefert die Vollkostenrechnung häufig keine geeigneten Informationen.
- ☒ Die Teilkostenrechnung (Deckungsbeitragsrechnung) unterteilt im Rahmen der Kostenartenrechnung grundsätzlich in Einzel- und Gemeinkosten.
- ☐ Die Ermittlung von Stückdeckungsbeiträgen gehört zu den retrograden Kalkulationsverfahren.
- ☐ Betriebe mit Serienfertigung wenden häufig im Rahmen der Vollkostenrechnung die so genannte differenzierte Zuschlagskalkulation an.
- ☒ Betriebe mit einem geringen Automatisierungsgrad in der Produktion kalkulieren ihre Preise in der Regel unter Einbeziehung von Maschinenstundensätzen.
- ☐ Die Maschinenstundensatzrechnung unterteilt die Fertigungsgemeinkosten in maschinenabhängige Fertigungsgemeinkosten und Restgemeinkosten.
- ☐ Eine Aufgabe des Betriebsabrechnungsbogens (BAB) ist unter anderem die Ermittlung von Gemeinkostenzuschlagssätzen für jede Hauptkostenstelle.
- ☒ Jeder Kaufmann ist gemäß HGB gesetzlich verpflichtet, systematische Kostenrechnung in seinem Unternehmen zu praktizieren.

Lösungen zu Aufgabe 2: Grundbegriffe der Kostenrechnung I

Bei folgenden Aussagen liegt eine Ausgabe, aber kein Aufwand vor:

- ☐ Die Sport Equipment AG begleicht die monatliche Rechnung der Deutschen Telekom per Lastschriftverfahren.
- ☐ Die Inspektionsrechnung für ein Vertriebsfahrzeug wird bar beglichen.
- ☐ Die Sport Equipment AG überweist die Miete für eine gemietete Lagerhalle quartalsweise über ihr Konto bei der Süddeutschen Kreditbank AG.
- ☒ Gemäß Eingangsrechnung 12345 erhält die Sport Equipment AG Fremdbauteile in Höhe von 12.800,00 € brutto. Das Material wird als Lagerware erfasst.

- ☐ Für einen Großauftrag erhält die Sport Equipment AG Rohstoffe im Gesamtwert von 5.000,00 € netto auf Ziel. Das Material wird sofort nach Eingang verarbeitet.

Lösungen zu Aufgabe 3: Grundbegriffe der Kostenrechnung II

Bei folgenden Aufwendungen liegen auch gleichzeitig Kosten vor:

- ☐ Mietaufwendungen für die von Gesellschafter Hans Mutz privat genutzte Garage.
- ☐ Wertpapiere aus dem Bestand der Mutz & Mutz OHG werden unter Anschaffungskosten verkauft.
- ☐ Überweisung der Beiträge zur Sozialversicherung am drittletzten Bankarbeitstag des Abrechnungsmonates.
- ☒ Beschaffung von 50.000 Blatt Kopierpapier gemäß Eingangsrechnung 5678 auf Ziel.
- ☐ Kauf eines neuen Kopiegerätes für 999,99 € brutto. Das Gerät wird als geringwertiges Wirtschaftsgut auf dem Konto Abschreibungspool erfasst.
- ☒ Das Kopiergerät (siehe vorherige Aussage) wird linear mit 20 % am Jahresende abgeschrieben (= kalkulatorische Abschreibung).

Lösungen zu Aufgabe 4: Grundbegriffe der Kostenrechnung III

Bei folgenden Aussagen liegt eine Einnahme, aber kein Ertrag vor:

- ☐ Ausgangsrechnung 12-2010 über die Lieferung von eigenen Erzeugnissen an Debitor Paul Breitner KG über brutto 890,00 €.
- ☐ Die Süddeutsche Kreditbank AG schreibt der Sport Equipment AG Zinsen für ein angelegtes Festgeld gut: 1.000,00 €.
- ☐ Verkauf von Handelswaren über netto 5.000,00 € auf Ziel.
- ☒ Die Sport Equipment AG zahlt der Sport Equipment AG ein langfristiges Investitionsdarlehen über 2,5 Mio. € aus.
- ☐ Die Süddeutsche Kreditbank AG verkauft Bundeswertpapiere aus ihrem Depot. Der Kursgewinn beträgt 4.000,00 €.

Lösungen zu Aufgabe 5: Grundbegriffe der Kostenrechnung IV

Folgende zwei Ergebnisse werden unmittelbar beeinflusst:

- ☐ das Umsatzergebnis des Kostenträgerzeitblattes (BAB II)
- ☒ das Betriebsergebnis der Ergebnistabelle
- ☐ das Ergebnis aus unternehmensbezogener Abgrenzung der Ergebnistabelle
- ☐ das Gesamtergebnis der Ergebnistabelle
- ☐ das Ergebnis (Saldo) aus der Gewinn- und Verlustrechnung
- ☒ das Ergebnis aus kosten- und leistungsrechnerischen Korrekturen der Ergebnistabelle

Lösungen zu Aufgabe 6: Kostenartenrechnung I

Kostenart	Spalte A	Spalte B
a) Aufwendungen für Rohstoffe	(1)	(3)
b) Gehälter für kaufmännische Angestellte	(2)	(4)
c) Kalkulatorische Abschreibungen (lineare Methode)	(2)	(4)
d) Akkordlöhne	(1)	(3)
e) Werbeaufwendungen für Anzeigen in Fachzeitschriften	(2)	(4)
f) Fertigungsmaterial	(1)	(3)
g) Ausgangsfrachten für verkaufte Erzeugnisse	(2)	(3)
h) Handelsvertreterprovisionen (umsatzabhängig)	(1) oder (2)	(3)
i) Leistungsabschreibung für eine Stanzmaschine	(2)	(3)
j) Überstundenzuschläge	(1)	(3)
k) Instandhaltungsaufwendungen durch Wartungsverträge	(2)	(4)
l) Kalkulatorische Zinsen	(2)	(4)
m) Versicherungsprämien	(2)	(4)
n) Grundsteuer für Betriebsgrundstücke	(2)	(4)
o) Arbeitgeberanteil zur Sozialversicherung (Lohnbereich)	(1) oder (2)	(3)
p) Energiekosten	(2)	(3)
q) Aufwendungen für Hilfsstoffe	(2)	(3)

Lösungen zu Aufgabe 7: Kostenartenrechnung II

Degressive Kosten	Proportionale Kosten	Progressive Kosten
f)	b)	c)

Lösungen zu Aufgabe 8: Kostenartenrechnung III

Die vom Beschäftigungsgrad abhängigen Kosten	Die dem einzelnen Produkt über Zuschlagssätze zugeordneten Kosten	Die Funktionsbereiche eines Betriebes
e)	b)	f)

Lösung zu Aufgabe 9: Kostenartenrechnung IV

Folgende Kosten zählen ausschließlich zu den kalkulatorischen Zusatzkosten:

- ☒ die kalkulatorischen Zinsen für das gezeichnete Kapital (Grundkapital)
- ☐ der kalkulatorische Unternehmerlohn des Vorstandes
- ☐ die Personalkosten für die leitenden Angestellten
- ☐ die kalkulatorischen Abschreibungen für das Anlagevermögen
- ☐ die Materialaufwendungen werden mit kalkulatorischen Verrechnungspreisen angesetzt
- ☐ die kalkulatorischen Zinsen für das langfristige Fremdkapital

Lösungen zu Aufgabe 10: Kostenartenrechnung V

Folgende Kosten stellen Grundkosten (aufwandsgleiche Kosten) dar:

- ☐ Kalkulatorische Abschreibungen
- ☒ Personalaufwendungen der Vorstandsmitglieder
- ☐ Kalkulatorische Zinsen
- ☐ Kalkulatorische Wagnisse
- ☐ bestandsorientierte Beschaffung von Rohstoffen
- ☐ Verlust aus dem Verkauf einer nicht mehr benötigten Produktionsmaschine
- ☒ Grundsteuer für das Betriebsgrundstück

Lösungen zu Aufgabe 11: Kostenartenrechnung VI

a)

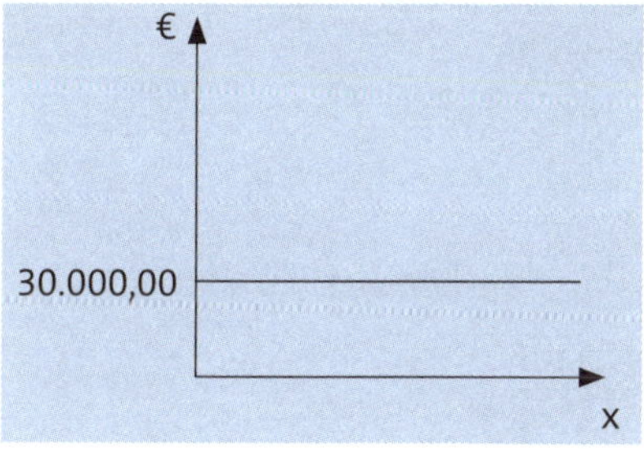

b)

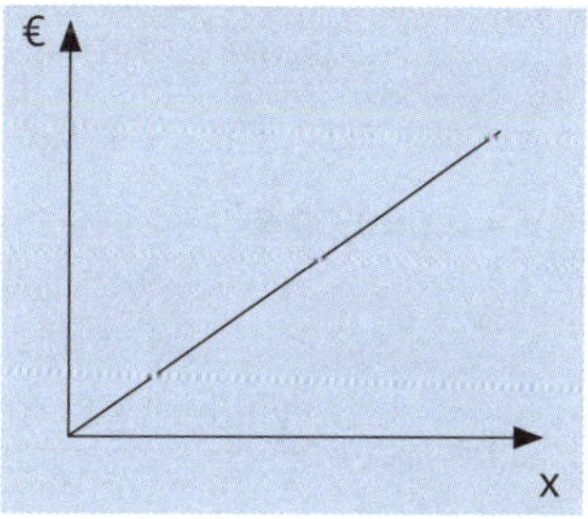

c)

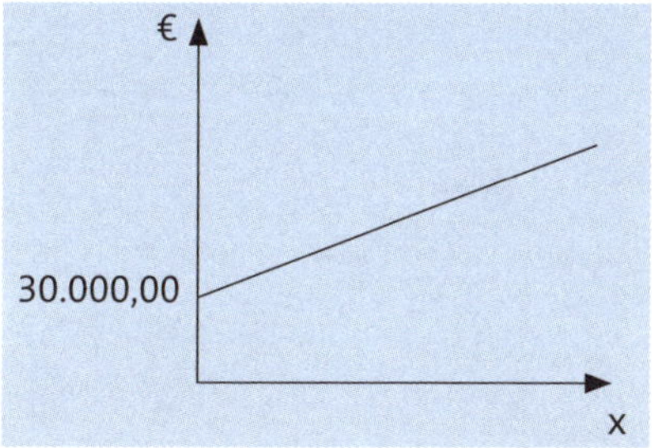

d)

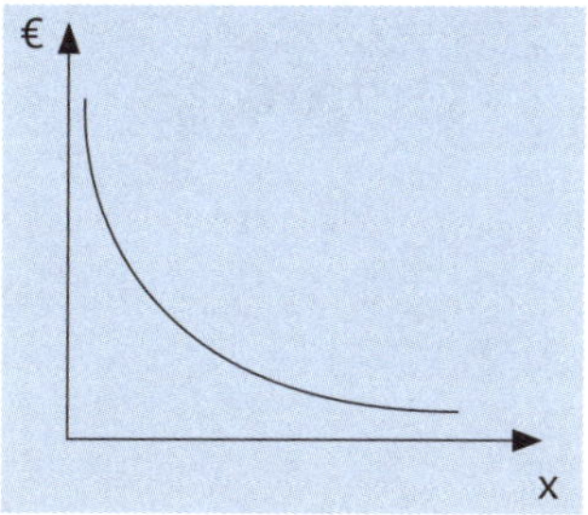

e)

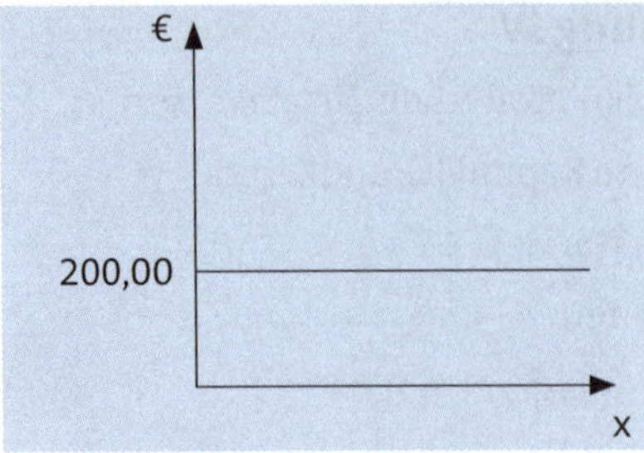

f)

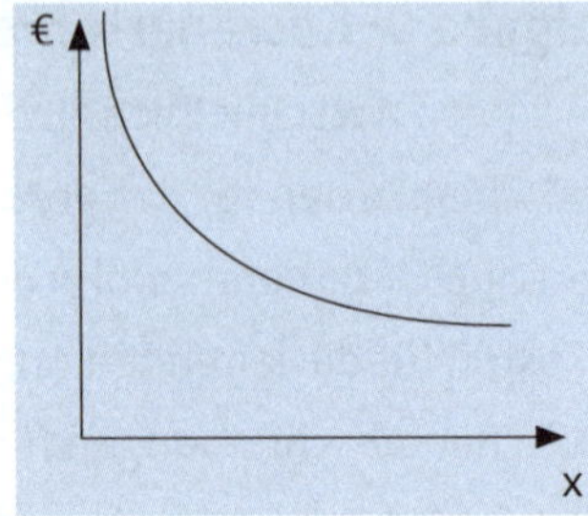

g) Die Sport Equipment AG muss auf Nachfrageveränderungen mit angepassten Produktionsmengen reagieren. Da bestimmte Kosten auch abhängig von der produzierten Menge sind, werden sich bei der Anpassung der Beschäftigung auch andere Kostensituationen ergeben.

Ein Teil der Kosten (fixe Kosten) bleibt konstant, ein anderer Teil wird sich dagegen bei schwankender Beschäftigung anpassen (variable Kosten).

Mit steigender Produktionsmenge sinken die Stückkosten, da sie die fixen Gesamtkosten auf eine größere Produktionsmenge verteilen. Der Anteil der fixen Kosten pro Stück sinkt mit steigender Beschäftigung.

Bei konstanten variablen Stückkosten und sinkenden fixen Stückkosten sinken somit bei steigender Produktionsmenge die gesamten Stückkosten (Man spricht in diesem Zusammenhang auch vom „Gesetz der Massenproduktion“ bzw. „Fixkostendegression“.).

Lösungen zu Aufgabe 12: Kalkulatorische Abschreibungen

a)

$$\text{Bilanzielle AfA} = \frac{\text{Anschaffungskosten}}{\text{ND gemäß amtlicher AfA-Tabelle}}$$

$$= \frac{24.000,00\ €}{6\ \text{Jahre}} = \mathbf{4.000,00\ €}$$

$$\text{Kalkulatorische AfA} = \frac{\text{Wiederbeschaffungskosten}}{\text{interne ND}}$$

$$= \frac{27.500,00\ €}{5\ \text{Jahre}} = \mathbf{5.500,00\ €}$$

b) Die kalkulatorische Abschreibung der Betriebsbuchführung (5.500,00 €) wird im Rechnungskreis II mit einem *anderen* Wert angesetzt als die bilanzielle Abschreibung (4.000,00 €) der Finanzbuchführung im Rechnungskreis I. Deshalb liegen sog. *Anders*kosten vor.

c)

Rechnungskreis 1				**Rechnungskreis 2**					
Finanzbuchführung				**Abgrenzungsbereich**				**Betriebsbuchführung**	
Gewinn- und Verlustrechnung				**Unternehmensbezogene Abgrenzung**		**Kosten- und leistungsrechnerische Abgrenzung**		**Kosten- und Leistungsrechnung**	
1	2	3	4	5	6	7	8	9	10
Kto-Nr.	Konto	Aufwand	Ertrag	Aufwand	Ertrag	Aufwand	Ertrag	Kosten	Leistungen
6520	ABS	4.000				4.000	5.500	5.500	

Beträge in €

Lösungen zu Aufgabe 13: Kalkulatorische Zinsen

a) Wir müssen zunächst einmal feststellen, welches Kapital im Betrieb zur Aufrechterhaltung des „Kerngeschäfts" wirklich benötigt wird. Dieses Kapital wird als *betriebsnotweniges Kapital* bezeichnet.

MERKE

betriebsnotweniges Vermögen (Vermögensgegenstände des „Kerngeschäfts")
\- Abzugskapital (zinslos zur Verfügung gestelltes Fremdkapital)
= betriebsnotwendiges Kapital

	Bebaute Betriebsgrundstücke	9.500.000,00 €
+	Unbebaute Grundstücke (Nutzung als Lagerfläche)	3.000.000,00 €
+	Fertigungsmaschinen	3.500.000,00 €[1]
+	Betriebs- und Geschäftsausstattung	2.000.000,00 €
+	Vorräte	5.000.000,00 €
+	Forderungen aus Lieferungen und Leistungen	14.500.000,00 €
+	Beteiligungen an verbundenen Unternehmen	500.000,00 €
+	Flüssige Mittel	4.000.000,00 €
=	**betriebsnotwendiges Vermögen**	**42.000.000,00 €**
-	Abzugskapital	
	Lieferantenkredite, die nicht skontierungsfähig sind	4.000.000,00 €[2]
	Kundenanzahlungen	2.400.000,00 €
	Rückstellungen	3.000.000,00 €
=	**betriebsnotwendiges Kapital**	**32.600.000,00 €**

b) 100 % = 32.600.000,00 €
8 % = x

$$x = \frac{32.600.000{,}00 \cdot 8}{100} = \mathbf{2.608.000{,}00\ €}$$

c) Neben den Kapitalkosten des verzinsten Fremdkapitals soll auch eine angemessene Verzinsung des von den Gesellschaftern der Weserbergland Industrie GmbH eingesetzten Eigenkapitals erzielt werden.

Werden die kalkulatorischen Zinsen als Kostenbestandteil in die Verkaufspreise mit einkalkuliert, fließen sie über die Umsatzerlöse in das Unternehmen zurück, sodass die Kapitalkosten durch den Verkauf der Produkte „verdient" werden.

---

1 Man könnte die Reservemaschinen auch als nicht betriebsnotwendigen Vermögensgegenstand interpretieren.

2 Das Skonto bei skontierungsfähigen Lieferantenkrediten stellt die Verzinsung des Kredites dar.

d)

Rechnungskreis 1				Rechnungskreis 2					
Finanzbuchführung				Abgrenzungsbereich				Betriebsbuchführung	
Gewinn- und Verlustrechnung				Unternehmensbezogene Abgrenzung		Kosten- und leistungsrechnerische Abgrenzung		Kosten- und Leistungsrechnung	
1	2	3	4	5	6	7	8	9	10
Kto-Nr.	Konto	Aufwand	Ertrag	Aufwand	Ertrag	Aufwand	Ertrag	Kosten	Leistungen
7510	ZA	1.800		1.800			2.608	2.608	

Beträge in T€

Lösungen zu Aufgabe 14: Kalkulatorische Wagnisse

a)

Jahr	eingetretene Verluste an Rohstoffen	Bezugspreise der Rohstoffe
1	28.500,00 €	4.200.000,00 €
2	14.540,00 €	3.845.900,00 €
3	6.382,00 €	4.000.000,00 €
4	20.000,00 €	1.959.780,00 €
5	7.461,00 €	4.649.000,00 €
Summe	76.883,00 €	18.654.680,00 €

$$\text{Kalkulatorischer Wagniszuschlag} = \frac{\text{durchschnittlicher Verlust pro Jahr} \cdot 100}{\text{durchschnittliche Bezugspreise pro Jahr}}$$

$$\frac{76.883,00}{5} = 15.376,60\ €$$

$$\frac{18.654.680,00}{5} = 3.730.936,00\ €$$

$$= \frac{15.376,60\ € \cdot 100}{3.730.936,00\ €} = \mathbf{0,41\ \%}$$

b) In die Preiskalkulation fließen somit konstante Wagniszuschlagssätze ein und Kostenschwankungen werden dadurch „ausgeschaltet“.

c) Das allgemeine Unternehmenswagnis ergibt ist durch die gesamtwirtschaftliche Entwicklung (z. B. Nachfragerückgang aufgrund schlechter Konjunkturlage oder veränderte Wettbewerbssituation aufgrund von ausländischen Billiganbietern).

Dieses Wagnis stellt keinen Kostenbestandteil dar und wird über ein positives Betriebsergebnis abgegolten.

Konkrete Einzelwagnisse (z. B. Anlagenwagnis aufgrund von Schadenfällen, Vertriebswagnis durch Forderungsausfälle, Fertigungswagnis aufgrund einer Fehlinvestition) können mithilfe vergangenheitsbezogener Erfahrungswerte erfasst werden und fließen als Kostenbestandteil in die Kalkulation mit ein.

d) INFO

Berechnung der kalkulatorischen Wagnisse:

100 % = 300.000,00 €

0,41 % = x   x = 1.230,00 €

Rechnungskreis 1				**Rechnungskreis 2**					
Finanzbuchführung				**Abgrenzungsbereich**				**Betriebsbuchführung**	
Gewinn- und Verlustrechnung				**Unternehmensbezogene Abgrenzung**		**Kosten- und leistungsrechnerische Abgrenzung**		**Kosten- und Leistungsrechnung**	
1	2	3	4	5	6	7	8	9	10
Kto-Nr.	Konto	Aufwand	Ertrag	Aufwand	Ertrag	Aufwand	Ertrag	Kosten	Leistungen
6930	Verluste aus Schadensfällen	5.000				5.000	1.230	1.230	

Beträge in €

e) Diese These ist nicht korrekt. Steht den kalkulatorischen Wagnissen des Rechnungskreises II im Rechnungskreis I ein konkreter Aufwand aufgrund eines Schadenfalls (z. B. Überspannungsschaden, Hochwasser) oder eine entsprechende Versicherungsprämie (z. B. betriebliche Gebäudeversicherung) gegenüber, handelt es sich um Anderskosten.

Wird im Rechnungskreis I kein Aufwand angesetzt, da beispielsweise kein Schadenfall in der Rechnungsperiode vorliegt oder keine spezielle Versicherung für solche Risiken abgeschlossen wurde, tauchen die kalkulatorischen Wagnisse nur im Rechnungskreis II auf, sodass in diesem Fall Zusatzkosten vorliegen.

Lösungen zu Aufgabe 15: Ergebnistabelle (Sachliche Abgrenzung)

Rechnungskreis 1				**Rechnungskreis 2**					
Finanzbuchführung				**Abgrenzungsbereich**				**Betriebsbuchführung**	
Gewinn- und Verlustrechnung				**Unternehmensbezogene Abgrenzung**		**Kosten- und leistungsrechnerische Abgrenzung**		**Kosten- und Leistungsrechnung**	
1	2	3	4	5	6	7	8	9	10
Kto-Nr.	Konto	Aufwand	Ertrag	Aufwand	Ertrag	Aufwand	Ertrag	Kosten	Leistungen
5000	UE EE		89.000						89.000
5100	UE W		600.000						600.000
5400	ME		6.000		6.000				
6030	A BST	5.000				5.000	6.000	6.000	
6080	WAR	340.000						340.000	
6200 6400	LÖH AG SV	50.000						50.000	
6520	ABS	16.000				16.000	25.000	25.000	
6700	Miete	10.000						10.000	
6710	Leasing	5.000						5.000	
6800	BM	5.000						5.000	
6870	WER	10.000						10.000	
6930	SCHA	12.000				12.000	5.000	5.000	
7000	STEU	20.000						20.000	
7510	ZA	8.000		8.000			21.000	21.000	
Kalk. Unt. Lohn							30.000	30.000	
Kalk. Miete							1.000	1.000	
	Summe	481.000	695.000	8.000	6.000	33.000	88.000	528.000	689.000
	Salden	214.000			2.000	55.000		161.000	
		695.000	695.000	8.000	8.000	88.000	88.000	689.000	689.000

b) Kurzanalyse des Betriebsergebnisses:

- Das Betriebsergebnis ist um 53.000,00 € geringer als das Gesamtergebnis.
- Diese Differenz kommt hauptsächlich durch die kalkulatorischen Ansätze (30.000,00 € + 1.000,00 €) der Zusatzkosten zustande.
- Auch die eingebuchten kalkulatorischen Abschreibungen (25.000,00 €) leisten einen Beitrag dazu.

- Zusätzlich wurden die Mieterträge (6.000,00 €) als betriebsfremde Erträge abgegrenzt.
- Das Gesamtergebnis (214.000,00 €) wird zu 75 % durch das Kerngeschäft (161.000,00 €) erwirtschaftet.
- Die Kosten in Höhe von 528.000,00 € gehen jetzt in die Kostenstellenrechnung ein, wo die Gemeinkosten mittels des Betriebsabrechnungsbogens auf die Kostenstellen verteilt werden. Anschließend stehen sie für die Kostenträgerstückrechnung zur Verfügung und bilden somit die Basis für die Produktkalkulation.

Lösung zu Aufgabe 16: Kostenstellenrechnung (BAB 1) I

☐ Mithilfe des BAB errechnet man das Betriebsergebnis für jede Kostenstelle.

☐ Der BAB dient dazu, die Einzelkosten verursachungsgerecht auf die Kostenträger (Endprodukte) zu verteilen.

☐ Im BAB trennt man die unternehmensbezogenen Aufwendungen von den betriebsbezogenen Aufwendungen.

☐ Dem BAB kann man die Selbstkosten der verschieden Produkte entnehmen.

☐ Der BAB erfasst die in den einzelnen Betriebsabteilungen (Kostenstellen) entstandenen Einzelkosten.

☒ Der BAB erfasst die in den einzelnen Betriebsabteilungen (Kostenstellen) entstandenen Gemeinkosten.

Lösungen zu Aufgabe 17: Kostenstellenrechnung (BAB 1) II

a) Mietaufwendungen:
240.000,00 € : 2.000 m² = 120,00 €/m²

Versicherungen:
62.400,00 € : 4.000.000,00 € = 0,0156 €/1,00 € Versicherungssumme

Kalkulatorische Abschreibungen je Jahr:

auf 0530:	1,5	% von 4.800.000,00 €	=	72.000,00 €
auf 0700:	15	% von 2.000.000,00 €	=	300.000,00 €
auf 0800:	10	% von 1.080.000,00 €	=	108.000,00 €
				480.000,00 €

480.000,00 € : 12 Monate = 40.000,00 €/Monat
40.000,00 € : 30 = 1.333,33 €/Verhältniszahl

Kalkulatorische Zinsen je Jahr:
6 % von 9.000.000,00 € = 540.000,00 €
540.000,00 € : 12 Monate = 45.000,00 €/Monat
45.000,00 € : 20 = 2.250,00 €/Verhältniszahl

	Fertigungsmaterial	1.027.000,00 €	
+	Materialgemeinkosten	174.590,00 €	
=	Materialkosten		1.201.590,00 €
	Fertigungslöhne	826.760,00 €	
+	Fertigungsgemeinkosten	1.215.340,00 €	
=	Fertigungskosten		2.042.100,00 €
	Herstellkosten der Erzeugung		3.243.690,00 €
+	Minderbestand		51.320,00 €
-	Mehrbestand		62.810,00 €
=	**Herstellkosten des Umsatzes**		**3.232.200,00 €**

Einfacher Betriebsabrechnungsbogen der Sport Equipment AG

Gemeinkosten-arten	Zahlen der Betriebsergebnisrechnung in €	Verteilungs-grundlagen	Kostenstelle Material in €	Kostenstelle Fertigung in €	Kostenstelle Verwaltung in €	Kostenstelle Vertrieb in €
Aufwendungen für Hilfsstoffe	325.000	nach Stücklisten	7.000	290.400	9.000	18.600
Aufwendungen für Betriebsstoffe	35.300	nach Materialentnahmescheinen	5.600	18.000	8.400	3.300
Gehälter	305.600	nach Entgeltabrechnungen	26.800	242.800	16.400	19.600
Werbe-aufwendungen	398.800	nach Rechnungen	37.000	66.800	217.800	77.200
Soziale Abgaben	307.000	nach Entgeltabrechnungen	19.600	179.400	65.200	42.800
Miet-aufwendungen	240.000	nach Flächen	48.000	144.000	28.800	19.200
Versicherungen	62.400	nach Versicherungssummen	6.240	37.440	12.480	6.240
Bürokosten	141.600	nach Rechnungen	13.600	46.800	63.000	18.200
Betriebliche Steuern	181.000	nach Verhältniszahlen	0	143.200	37.800	0
Kalkulatorische Abschreibungen	40.000	nach Verhältnis zahlen	4.000	24.000	8.000	4.000
Kalkulatorische Zinsen	45.000	nach Verhältnis zahlen	6.750	22.500	9.000	6.750
Summe der Gemeinkosten	2.081.700		174.590	1.215.340	475.880	215.890
Zuschlags-grundlagen			1.027.000	826.760	3.232.200	3.232.200
Gemeinkosten-zuschlagssätze			**17 %**	**147 %**	**14,72 %**	**6,68 %**

b)

	Fertigungsmaterial	400.000,00 €	
+	Materialgemeinkosten	75.040,00 €	
=	Materialkosten		475.040,00 €
	Fertigungslöhne I	300.000,00 €	
+	Fertigungsgemeinkosten I	313.350,00 €	
+	Fertigungslöhne II	250.000,00 €	
+	Fertigungsgemeinkosten II	296.830,00 €	
=	Fertigungskosten		1.160.180,00 €
	Herstellkosten der Erzeugung		1.635.220,00 €
+	Minderbestand		30.000,00 €
-	Mehrbestand		18.200,00 €
=	**Herstellkosten des Umsatzes**		**1.647.020,00 €**

c)

$$\text{Materialgemeinkosten-Zuschlagssatz} = \frac{\text{Materialgemeinkosten} \cdot 100}{\text{Fertigungsmaterial (Materialeinzelkosten)}}$$

$$= \frac{75.040{,}00\ € \cdot 100}{400.000{,}00\ €} = \mathbf{18{,}76\ \%}$$

$$\text{Fertigungsgemeinkosten-Zuschlagssatz I} = \frac{\text{Fertigungsgemeinkosten I} \cdot 100}{\text{Fertigungslöhne I}}$$

$$= \frac{313.350{,}00\ € \cdot 100}{300.000{,}00\ €} = \mathbf{104{,}45\ \%}$$

$$\text{Fertigungsgemeinkosten-Zuschlagssatz II} = \frac{\text{Fertigungsgemeinkosten II} \cdot 100}{\text{Fertigungslöhne II I}}$$

$$= \frac{296.830{,}00\ € \cdot 100}{250.000{,}00\ €} = \mathbf{118{,}73\ \%}$$

$$\text{Verwaltungsgemeinkosten-Zuschlagssatz} = \;= \frac{\text{Verwaltungsgemeinkosten} \cdot 100}{\text{Herstellkosten des Umsatzes}}$$

$$= \frac{142.550{,}00\ € \cdot 100}{1.647.020{,}00\ €} = \mathbf{8{,}66\ \%}$$

$$\text{Vertriebsgemeinkosten-Zuschlagssatz} = \;= \frac{\text{Vertriebsgemeinkosten} \cdot 100}{\text{Herstellkosten des Umsatzes}}$$

$$= \frac{110.000{,}00\ € \cdot 100}{1.647.020{,}00\ €} = \mathbf{6{,}68\ \%}$$

d)

Erweiteter und mehrstufiger Betriebsabrechnungsbogen der Sport Equipment AG								
Gemeinkostenarten	**Zahlen der Betriebsergebnisrechnung in €**	**Verteilungsgrundlagen**	**Kostenstelle Material in €**	**Hilfskostenstelle Arbeitsvorbereitung in €**	**Kostenstelle Fertigung I in €**	**Kostenstelle Fertigung II in €**	**Kostenstelle Verwaltung in €**	**Kostenstelle Vertrieb in €**
Aufwendungen für Hilfsstoffe	180.000	nach Stücklisten	4.000	2.000	100.000	50.000	8.200	15.800
Aufwendungen für Betriebsstoffe	22.330	nach Materialentnahmescheinen	3.200	1.150	5.500	6.200	4.870	1.410
Gehälter	152.800	nach Entgeltabrechnungen	13.400	2.250	59.575	59.575	8.200	9.800
Werbeaufwendungen	70.370	nach Rechnungen	0	0	16.700	16.700	11.740	25.230
Soziale Abgaben	153.500	nach Entgeltabrechnungen	9.800	700	44.500	44.500	32.600	21.400
Mietaufwendungen	128.000	nach Flächen	25.600	0	35.840	40.960	15.360	10.240
Versicherungen	31.200	nach Versicherungssummen	3.120	3.120	6.240	9.360	6.240	3.120
Bürokosten	55.650	nach Rechnungen	3.000	4.500	10.000	7.030	28.000	3.120
Betriebliche Steuern	101.000	nach Verhältniszahlen	8.500	4.000	16.000	37.000	21.000	14.500
Kalkulatorische Abschreibungen	20.000	nach Bruchzahlen	2.500	2.500	5.000	5.000	2.500	2.500
Kalkulatorische Zinsen	22.920	nach Köpfen	1.920	240	8.880	5.160	3.840	2.880
Zwischensumme	937.770		75.040	20.460	308.235	281.485	142.550	110.000
Umlage Arbeitsvorbereitung		nach Prozentzahlen		→	5.115	15.345		
Summe der Gemeinkosten	937.770		75.040		313.350	296.830	142.550	110.000
Zuschlagsgrundlagen			Fertigungsmaterial 400.000		Fertigungslöhne I 300.000	Fertigungslöhne II 250.000	Herstellkosten des Umsatzes 1.647.020	Herstellkosten des Umsatzes 1.647.020
Gemeinkostenzuschlagssätze			**18,76 %**		**104,45 %**	**118,73 %**	**8,66 %**	**6,68 %**

e) ▸ Erweiteter BAB = es liegen mehr als vier Hauptkostenstellen vor.
   ▸ Mehrstufiger BAB = es liegt mindestens eine Hilfskostenstelle vor.

Lösungen zu Aufgabe 18: Kostenträgerzeitrechnung (BAB 2) I

Kostenträgerzeitblatt (BAB II) der Sport Equipment AG					
Angaben in €	**IST-GK-Zu-schlags-satz**	**IST-Kosten**	**NORMAL-GK-Zuschlags-satz**	**NORMAL-Kosten**	**Kosten-über-/-unter-deckung**
Fertigungsmaterial		100.000		100.000	
+ Materialgemeinkosten	12 %	12.000	10 %	10.000	
= Materialkosten		112.000		110.000	(-) 2.000
Fertigungslöhne		50.000		50.000	
+ Fertigungsgemeinkosten	110 %	55.000	100 %	50.000	(-) 5.000
= Fertigungskosten		105.000		100.000	
= Herstellungskosten der Produktion		217.000		210.000	
+ Minderbestand		2.000		2.000	
- Mehrbestand		3.000		3.000	
=		216.000		209.000	
+ Verwaltungsgemeinkosten	10 %	21.600	12 %	25.080	(+) 3.480
+ Vertriebsgemeinkosten	4 %	8.640	5 %	10.450	(+) 1.810
= Selbstkosten des Umsatzes		246.240		244.530	
Netto-Umsatzerlöse		270.000		270.000	
Umsatzergebnis		-		25.470	
+ Kostenüberdeckung					
- Kostenunterdeckung				1.710	(-) 1.710
Betriebsergebnis		23.760		-	

Lösungen zu Aufgabe 19: Kostenträgerzeitrechnung (BAB 2) II

Kosten	Istkosten		Über- bzw. Unterdeckung	Normalkosten		Kostenträger	
						Produkt A	Produkt B
	€	%	€	€	%	€	€
Fertigungsmaterial	1.800.000			1.800.000		800.000	1.000.000
Material-gemeinkosten	50.000	2,78	+ 40.000	90.000	5	40.000	50.000
Materialkosten	1.850.000			1.890.000		840.000	1.050.000
Fertigungslöhne	2.000.000			2.000.000		1.200.000	800.000
Fertigungs-gemeinkosten	2.800.000	140	+ 200.000	3.000.000	150	1.800.000	1.200.000
Fertigungskosten	4.800.000			5.000.000		3.000.000	2.000.000

a) 800.000,00 € = 100 %
40.000,00 € = x

$$x = \frac{100 \cdot 40.000,00\ €}{800.000,00\ €} = \mathbf{5\ \%}$$

b) 100 % = 2.000.000,00 €
150 % = x

$$x = \frac{2.000.000,00\ € \cdot 150}{100} = 3.000.000,00\ €$$

3.000.0000,00 € - 200.000,00 € = **2.800.000,00 €**

c) 100 % = 800.000,00 €
150 % = x

$$x = \frac{800.000,00\ € \cdot 150}{100} = \mathbf{1.200.000,00\ €}$$

Lösung zu Aufgabe 20: Kostenträgerzeitrechnung (BAB 2) III

	Umsatzergebnis	+ 100.000.000,00 €
+	Kostenüberdeckung	+ 10.000.000,00 €
=	Betriebsergebnis	+ 110.000.000,00 €
+	neutrales Ergebnis	- 10.000.000,00 €
=	**Gesamtergebnis**	**+ 100.000.000,00 €**

Lösung zu Aufgabe 21: Kostenträgerstückrechnung I

	Materialeinzelkosten	23.500,00 €		
+	30 % Materialgemeinkosten	7.050,00 €		
=	Materialkosten		30.550,00 €	
	Fertigungseinzelkosten	7.000,00 €		
+	120 % Fertigungsgemeinkosten	8.400,00 €		
+	Sondereinzelkosten der Fertigung	780,00 €		
=	Fertigungskosten		16.180,00 €	
	Herstellkosten		46.730,00 €	
+	6 % Verwaltungsgemeinkosten		2.803,80 €	
+	4 % Vertriebsgemeinkosten		1.869,20 €	
+	Sondereinzelkosten des Vertriebs		400,00 €	
=	Selbstkosten		51.803,00 €	
+	20 % Gewinnaufschlag		10.360,60 €	
=	Barverkaufspreis		62.163,60 € (95 %)	
+	3 % Kundenskonto		1.963,06 € (3 %)	
+	2 % Vertreterprovision		1.308,71 € (2 %)	
=	Zielverkaufspreis		65.435,37 €(100 %)	(95 %)
+	5 % Kundenrabatt		3.443,97 €	(5 %)
=	**Listenverkaufspreis/Angebotspreis netto**		**68.879,34 €**	(100 %)

Lösungen zu Aufgabe 22: Kostenträgerstückrechnung II

a)

	Listeneinkaufspreis (LEP)	62,00 €
-	12 % Lieferantenrabatt	7,44 €
=	Zieleinkaufspreis (ZEP)	54,56 €
-	3 % Lieferantenskonto	1,64 €
=	Bareinkaufspreis (BEP)	52,92 €
+	Bezugskosten (BZK)	1,50 €
=	**Bezugspreis/Einstandspreis**	**54,42 €**

b)

Konto-Nr.	Kontobezeichnung	Soll €	Haben €
2280	Handelswaren	54.560,00	
2281	Bezugskosten Handelswaren	1.500,00	
2600	Vorsteuer	10.651,40	
4400	Verbindlichkeiten a. LL		66.711,40

c)

Konto-Nr.	Kontobezeichnung	Soll €	Haben €
2400	Forderungen a. LL	66.711,40	
5100	Umsatzerlöse für Handelswaren		56.060,00
4800	Umsatzsteuer		10.651,40

d)

	Bezugspreis/Einstandspreis	54,42 €		
+	50 % Handlungskosten	27,21 €		
=	Selbstkosten	81,63 €		
+	80 % Gewinn	65,30 €		
=	Barverkaufspreis (BVP)	146,93 €	(98 %)	
+	2 % Kundenskonto	3,00 €	(2 %)	
=	Zielverkaufspreis (ZVP)	149,93 €	(100 %)	(94 %)
+	6 % Kundenrabatt	9,57 €		(6 %)
=	**Angebotspreis netto/Listenverkaufspreis (LVP)**	**159,50 €**		(100 %)

e)

	ZVP (149,93 € • 50)	7.496,50 €
+	19 % Umsatzsteuer	1.424,34 €
=	**Rechnungsbetrag**	**8.920,84 €**

Konto-Nr.	Kontobezeichnung	Soll €	Haben €
2400	Forderungen a. LL	8.920,84	
5100	Umsatzerlöse für Handelswaren		7.496,50
4800	Umsatzsteuer		1.424,34

f) Nettomethode unter Abzug von Skonto:

Konto-Nr.	Kontobezeichnung	Soll €	Haben €
2800	Bank	8.742,42	
5101	Erlösberichtigungen Handelswaren	149,93	
4800	Umsatzsteuer	28,49	
2400	Forderungen a. LL		8.920,84

Bruttomethode unter Abzug von Skonto:

Konto-Nr.	Kontobezeichnung	Soll €	Haben €
2800	Bank	8.742,42	
5101	Erlösberichtigungen Handelswaren	178,42	
2400	Forderungen a. LL		8.920,84

Konto-Nr.	Kontobezeichnung	Soll €	Haben €
4800	Umsatzsteuer	28,49	
5101	Erlösberichtigungen Handelswaren		28,49

Lösung zu Aufgabe 23: Kostenträgerstückrechnung III

	Selbstkosten	98,82 €	
+	18,75 % Gewinnaufschlag	18,53 €	
=	Barverkaufspreis	117,35 €	(98 %)
+	2 % Kundenskonto	2,40 €	(2 %)
=	**Zielverkaufspreis**	**119,75 €**	(100 %)

25 % - 18,75 % = **6,25 %**

Der Gewinn muss um **6,25** Prozentpunkte auf **18,75 %** reduziert werden.

Lösung zu Aufgabe 24: Kostenträgerstückrechnung IV

	Selbstkosten	98,82 €		
+	18,75 % Gewinnaufschlag	18,53 €		
=	Barverkaufspreis	117,35 €	(98 %)	
+	2 % Kundenskonto	2,40 €	(2 %)	
=	Zielverkaufspreis	119,75 €	(100 %)	(96,96 %)
+	3,04 % Rabatt	3,75 €		(3,04 %)
=	**Angebotspreis netto**	**123,50 €**		(100 %)

Es muss ein Rabatt von **3,04 %** gewährt werden.

Lösungen zu Aufgabe 25: Maschinenstundensatzrechnung

a)

	Kalkulatorische Abschreibung	286.666,67 €	(3.440.000,00 € : 12)
+	Kalkulatorische Zinsen	128.000,00 €	(8 % von 1.600.000,00 €)
+	Platzkosten	924.000,00 €	(80 • 750,00 € • 12 + 150.000,00 €
+			54.000,00 €)
+	Stromkosten	96.000,00 €	(400 • 0,12 • 1.800 + 800,00 • 12)
+	Sonstige Betriebsstoffkosten	90.000,00 €	(7.500,00 • 12)
=	**maschinenabhängige FGK**	**1.524.666,67 €**	

b)

	Gehälter	280.000,00 €
+	Arbeitgeberanteil zur SV	490.000,00 €
+	Betriebliche Steuern	20.000,00 €
+	kalk. Unternehmerlohn	40.000,00 €
+	Bürokosten	50.000,00 €
=	**maschinenunabhängige FGK**	**880.000,00 €**

$$\text{Fertigungsgemeinkosten-Zuschlagssatz} = \frac{\text{Fertigungsgemeinkosten} \cdot 100\,\%}{\text{Fertigungslöhne}}$$

$$= \frac{880.000{,}00\,€ \cdot 100}{3.520.000{,}00\,€} = \mathbf{25\,\%}$$

c) effektive Laufzeitstunden der Maschine: 37,5 • 48 = 1.800 Stunden

$$\text{Maschinenstundensatz} = \frac{\text{maschinenabhängige FGK}}{\text{Maschinenlaufzeitstunden}}$$

$$= \frac{1.524.666{,}67\,€}{1.800\ \text{Stunden}} = \mathbf{847{,}04\ €/Stunde}$$

d)

	Materialeinzelkosten		1.800,00 €
+	10 % Materialgemeinkosten		180,00 €
=	Materialkosten		1.980,00 €
	Fertigungseinzelkosten (3,5 • 36,00 €)	126,00 €	
+	25 % Restfertigungsgemeinkosten	31,50 €	
+	maschinenabhängige FGK (3,5 • 847,04 €)	2.964,64 €	
=	Fertigungskosten		3.122,14 €
	Herstellkosten		5.102,14 €
+	22 % Verwaltungsgemeinkosten		1.122,47 €
+	10 % Vertriebsgemeinkosten		510,21 €
=	**Selbstkosten**		**6.734,82 €**

Lösungen zu Aufgabe 26: Äquivalenzziffernrechnung

a)

Produkt	Mengen-Einheit (ME)	Äquiva-lenz-Ziffer (ÄZ)	Rechen-Einheit (RE)	Kosten/ RE	Kosten/ Produkt	Kosten/ ME
A	576.000	1	576.000	0,08 €	46.080,00	0,080 €
B	384.000	1,4	537.600	0,08 €	43.008,00	0,112 €
Summe			1.113.600		89.088,00	

$$\text{Kosten/RE} = \frac{89.088{,}00\ €}{1.113.600} = \mathbf{0{,}08\ €/RE}$$

Kosten/Produkt = Kosten/RE • RE

Selbstkosten Produkt A/100 ME = **8,00 €**
Selbstkosten Produkt B/100 ME = **11,20 €**

b)
- Vorraussetzung: Gleichartige Produkte (Sorten) stehen in einem festen Kostenverhältnis zueinander.
- Ein Produkt, dessen Kostenverursachung als „normal" angesehen wird, erhält die Äquivalenzziffer (ÄZ) 1. Davon ausgehend, werden höhere bzw. geringere Kostenverläufe der anderen Produkte, durch entsprechende ÄZ ausgedrückt.
- Kann von Unternehmen (z. B. von der Landbierbrauerei „Fränkische Schweiz") angewendet werden, die gleichartige Produkte (z. B. Kellerbier, Landbier, Weizenbier) herstellen.

  Gleichartig: Gleicher Rohstoff, aber die Produkte unterscheiden sich z. B. hinsichtlich Größe, Qualität, Bearbeitungszeit, Materialeinsatzmengen.

Lösungen zu Aufgabe 27: Deckungsbeitragsrechnung I (Break-even-Analyse)

INFO

Die „Break-even-Menge“ oder auch Gewinnschwellenmenge genannt, ist genau die Absatzmenge an Outdoor-Schuhen, bei der die Gesamtkosten (variabel und fix) durch die Umsatzerlöse gerade abgedeckt werden.

Grundsätzlich kann diese **Absatzmenge rechnerisch oder grafisch** festgestellt werden.

Rechnerische Lösung:
Bei der rechnerischen Ermittlung der „Break-even-Menge“ setzt man die Erlösfunktion E(x) und Kostenfunktion K(x) gleich. Anschließend wird die Funktion nach der Absatzmenge x aufgelöst.

$$E(x) = p \cdot x$$

$$K(x) = K_f + k_v \cdot x$$

$$E(x) = K(x)$$

$$p \cdot x = K_f + k_v \cdot x \qquad - k_v \cdot x$$

$$p \cdot x - k_v \cdot x = K_f$$

$$x\,(p - k_v) = K_f \qquad :(p - k_v)$$

$$x = \frac{K_f}{(p - k_v)} = \frac{K_f}{db} = \frac{120.000{,}00\ €}{40{,}00\ €}$$ **= 3.000 Paar Outdoor-Schuhe**

TIPP

Bei der „break-even-Menge“ sind die Umsatzerlöse in Euro genau so hoch, wie die Gesamtkosten in Euro. Überprüfen Sie Ergebnis, indem Sie eine Probe durchführen:

$$E(x) = p \cdot x$$
$$= 100{,}00\ € \cdot 3.000\ \text{Stück} = 300.000{,}00\ €$$

$$K(x) = K_f + k_v \cdot x$$
$$= 120.000{,}00\ € + 60{,}00\ € \cdot 3.000\ \text{Stück} = 300.000{,}00\ €$$

Grafische Lösung:

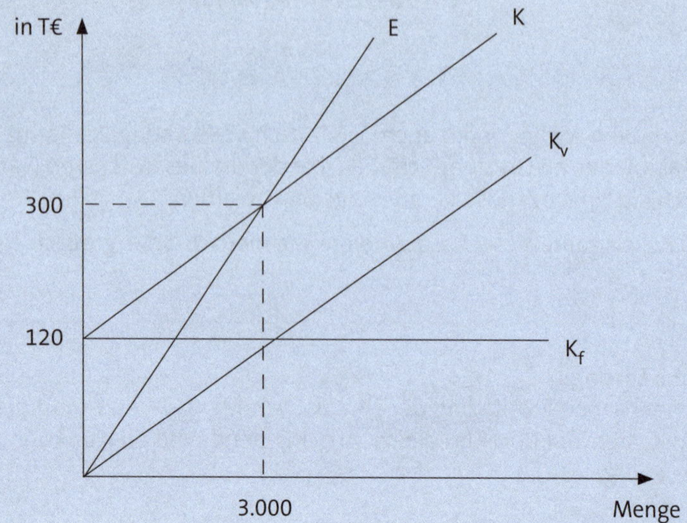

Den Überschuss des Verkaufpreises über die variablen Stückkosten nennen wir absoluten Stückdeckungsbeitrag (db).

	Preis je Stück (p)	100,00 €
-	stückvariable Kosten (k_v)	60,00 €
=	**Stückdeckungsbeitrag (db)**	**40,00 €**

MERKE

Jedes verkaufte Paar Outdoor-Schuhe weist einen positiven Stückdeckungsbeitrag in Höhe von 40,00 € auf und trägt somit zur Deckung der ohnehin anfallenden beschäftigungsunabhängigen Fixkosten (120.000,00 €) bei.

Lösungen zu Aufgabe 28: Deckungsbeitragsrechnung II (Preisuntergrenzen)

Möchte man beispielsweise durch einen günstigen Verkaufspreis zunächst Marktanteile gewinnen, kann die Hamelner Schuhfabrik GmbH kurzfristig ein Paar Outdoor-Kinderschuhe zu einem Verkaufspreis von 60,00 € anbieten. Dieser Preis deckt genau die stückvariablen Kosten.

INFO

Kurzfristige (absolute) Preisuntergrenze = stückvariable Kosten = 60,00 €

Um konkurrenz- und auch wettbewerbsfähig zu bleiben, muss das Unternehmen mit den Verkaufserlösen der Outdoor-Schuhe aber langfristig die gesamten anfallenden Kosten abdecken. Gehen wir von stückfixen Kosten in Höhe von 40,00 € aus, würde sich langfristig mindestens ein Verkaufspreis für ein Paar von 100,00 € ergeben.

INFO

Langfristige Preisuntergrenze = gesamte Stückkosten = 60,00 € + 40,00 € = 100,00 €

Lösungen zu Aufgabe 29: Deckungsbeitragsrechnung III (Optimales Produktionsprogramm ohne Engpass)

In diesem Fall liegt kein betrieblicher Engpass vor. Die Hamelner Schuhfabrik GmbH stellt die Produktrangfolge mithilfe der absoluten Stückdeckungsbeiträge auf.

Produkte	**Outdoor-Schuhe**	**Sneaker**	**Turnschuhe**
Verkaufspreis je Paar	100,00 €	70,00 €	85,00 €
Stückvariable Kosten je Paar	60,00 €	34,00 €	42,00 €
Stückdeckungsbeitrag	100,00 € - 60,00 € **= 40,00 €**	70,00 € - 34,00 € **= 36,00 €**	85,00 € - 42,00 € **= 43,00 €**
Produktrangfolge	**2**	**3**	**1**

Entsprechend der absoluten Stückdeckungsbeiträge produziert ihr Unternehmen nach der folgenden Rangfolge:

1. Turnschuhe (43,00 €)
2. Outdoor-Schuhe (40,00 €)
3. Sneaker (36,00 €)

Anschließend berechnen Sie das Betriebsergebnis:

43,00 € • 7.000 Stück =	301.000,00 €
+ 40,00 € • 4.000 Stück =	160.000,00 €
+ 36,00 € • 6.000 Stück =	216.000,00 €
= Gesamtdeckungsbeitrag	677.000,00 €
- unternehmensfixe Kosten	427.000,00 €
= Betriebsergebnis	**250.000,00 €**

Lösungen zu Aufgabe 30: Deckungsbeitragsrechnung IV (Optimales Produktionsprogramm mit Engpass)

Berechnung der Fertigungszeit für alle drei Produkte:

	30,00 Min • 4.000 Stück =	120.000 Min
+	13,60 Min • 6.000 Stück =	81.600 Min
+	26,25 Min • 7.000 Stück =	183.750 Min
=		385.350 Min

385.350 Min : 60 Min = 6.422,50 Stunden

Da die Gesamtkapazität von 6.000 Fertigungsstunden bei den möglichen Absatzmengen aller drei Produkte mit 6.422,50 Stunden überschritten wird, liegt ein betrieblicher Kapazitätsengpass vor.

Die Hamelner Schuhfabrik stellt somit die optimale Produktrangfolge mithilfe der relativen Stückdeckungsbeiträge auf.

$$\text{Relativer Deckungsbeitrag} = \frac{\text{Stückdeckungsbeitrag}}{\text{Engpass (Fertigungszeit)}}$$

Produkte	**Outdoor-Schuhe**	**Sneaker**	**Turnschuhe**
Verkaufspreis je Paar	100,00 €	70,00 €	85,00 €
Stückvariable Kosten je Paar	60,00 €	34,00 €	42,00 €
Stückdeckungsbeitrag	100,00 € - 60,00 € **= 40,00 €**	70,00 € - 34,00 € **= 36,00 €**	85,00 € - 42,00 € **= 43,00 €**
Relative Stückdeckungsbeiträge	$\frac{40{,}00\ €}{30\ \text{Min}} = 1{,}33\ €/\text{Min}$	$\frac{36{,}00\ €}{13{,}6\ \text{Min}} = 2{,}65\ €/\ \text{Min}$	$\frac{43{,}00\ €}{26{,}25\ \text{Min}} = 1{,}64\ €/\ \text{Min}$
Produktrangfolge	**3**	**1**	**2**

Entsprechend der relativen Stückdeckungsbeiträge produziert Ihr Unternehmen nach der folgenden Rangfolge:

1. Sneaker (2,65 €/Min)
2. Turnschuhe (1,64 €/Min)
3. Outdoor-Schuhe (1,33 €/Min)

Anschließend berechnen Sie das Betriebsergebnis:

	Sneaker	1.360	Stunden	(81.600 Min)
+	Turnschuhe	3.062,50	Stunden	(183.750 Min)
+	Outdoor-Schuhe	1.577,50	Stunden	(94.650 Min)
=	Gesamt	6.000	Stunden	(360.000 Min)

Aufgrund des Engpasses „Fertigungszeit“ kann von den Outdoor-Schuhen nicht die geplante Absatzmenge von 4.000 Paar produziert werden, sondern nur 3.155 Paar.

$$\frac{\text{Fertigungszeit}}{\text{Fertigungszeit/Stück}} = \frac{94.650 \text{ Minuten}}{30 \text{ Min}} = 3.155 \text{ Stück}$$

	36,00 € • 6.000 Stück =	216.000,00 €
+	43,00 € • 7.000 Stück =	301.000,00 €
+	40,00 € • 3.155 Stück =	126.200,00 €
=	Gesamtdeckungsbeitrag	643.200,00 €
-	unternehmensfixe Kosten	427.000,00 €
=	**Betriebsergebnis**	**216.200,00 €**

MERKE

Durch den betrieblichen Engpass „Fertigungszeit“ konnten von den Outdoor-Schuhen nur 3.155 Paar produziert werden. Das Betriebergebnis hat sich somit um 33.800,00 € (250.000,00 € - 216.200,00 €) verringert (vgl. Aufgabe 29). Das entspricht genau dem Wert, um den sich der Gesamtdeckungsbeitrag verringert hat.

4.000 Stück - 3.155 Stück = 845 Stück

845 Stück • 40,00 € = 33.800,00 €

Lösung zu Aufgabe 31: Deckungsbeitragsrechnung V (Mehrstufige Deckungsbeitragsrechnung)

Beträge in €	**Outdoor-Kinderschuhe**	**Sneaker**	**Turnschuhe**	**Gesamt**
Umsatzerlöse - Variable Kosten	400.000,00 - 240.000,00	420.000,00 - 204.000,00	595.000,00 - 294.000,00	1.415.000,00 - 738.000,00
= Deckungsbeitrag I	+ 160.000,00	+ 216.000,00	+ 301.000,00	+ 677.000,00
- erzeugnisfixe Kosten	- 30.000,00	- 40.000,00	- 50.000,00	- 120.000,00
= Deckungsbeitrag II	+ 130.000,00	+ 176.000,00	+ 251.000,00	+ 557.000,00
- erzeugnisgruppen-fixe Kosten	- 80.000,00			- 80.000,00
= Deckungsbeitrag III				+ 477.000,00
- unternehmensfixe Kosten				- 227.000,00
= Betriebsergebnis				+ 250.000,00

INFO

Anhand der mehrstufigen Deckungsbeitragsrechnung ist eine detailliertere kostenrechnerische Analyse der einzelnen Produkte möglich. Insbesondere die Deckungsbeiträge II und III sind für die Produktionsentscheidungen von großer Bedeutung, da sie Einblick in die abbaufähigen fixen Kosten geben.

Bei Eliminierung eines Produktes würden beispielsweise erzeugnisfixe Kosten, wie Patente, Forschungs- und Entwicklungskosten oder Werkzeugkosten, abgebaut.

Lösung zu Aufgabe 32: Deckungsbeitragsrechnung VI (Annahme von Zusatzaufträgen)

Preis je Stück (p)	62,00 €
- stückvariable Kosten (k_v)	42,00 €
= Stückdeckungsbeitrag (db)	**+ 20,00 €**

Die Hamelner Schuhfabrik GmbH erzielt pro Paar einen positiven Stückdeckungsbeitrag von 20,00 €. Das Betriebsergebnis erhöht sich bei Annahme des Großauftrags um 200.000,00 €, unter der Voraussetzung, dass die gesamten unternehmensfixen Kosten bereits durch die Verkaufserlöse der anderen Produkte (z. B. Sneaker oder Outdoor-Schuhe) gedeckt wurden.

- Stückdeckungsbeitrag • Stückzahl = Betriebsgewinn
- 10.000 Stück • 20,00 € = 200.000,00 €

MERKE

In Zeiten der Unterbeschäftigung, d. h. bei nicht vollständig ausgelasteten Kapazitäten, lohnt sich die Annahme eines Zusatzauftrags, auch wenn der zu erzielende Verkaufspreis (62,00 €) nicht die kompletten Stückkosten (75,00 €) abdeckt.

Entscheidend ist, dass der Verkaufspreis höher ist als die stückvariablen Kosten (42,00 €), sodass ein positiver Stückgewinn je Paar in Höhe von 20,00 € erzielt wird.

Lösungen zu Aufgabe 33: Plankostenrechnung I

$$\text{Sollkosten} = \text{fixe Plankosten} + \frac{\text{variable Plankosten} \cdot \text{Istbeschäftigung}}{\text{Planbeschäftigung}}$$

a)

$$= 12.800{,}00\text{ €} + \frac{32.200{,}00\text{ €} \cdot 90}{100} = \mathbf{41.780{,}00\text{ €}}$$

b)

$$= 12.800{,}00\text{ €} + \frac{32.200{,}00\text{ €} \cdot 108}{100} = \mathbf{47.576{,}00\text{ €}}$$

c)

$$\text{Istbeschäftigung} = \frac{\text{Planbeschäftigung} \cdot (\text{Sollkosten} - \text{fixe Plankosten})}{\text{variable Plankosten}}$$

$$= \frac{100 \cdot (147.660{,}00\text{ €} - 72.000{,}00\text{ €})}{78.000{,}00\text{ €}} = \mathbf{97\ \%}$$

Lösungen zu Aufgabe 34: Plankostenrechnung II

$$\text{Plankostenverrechnungssatz} = \frac{\text{gesamte Plangemeinkosten}}{\text{Planbeschäftigung}}$$

a)

$$= \frac{180.000{,}00\text{ €}}{3.000\text{ Stunden}} = \mathbf{60{,}00\text{ €/Stunde}}$$

b)

$$= 69.000{,}00\text{ €} + \frac{111.000{,}00\text{ €} \cdot 3.000\text{ Stunden}}{3.000\text{ Stunden}} = \mathbf{180.000{,}00\text{ €}}$$

c)

$$= 69.000{,}00\text{ €} + \frac{111.000{,}00\text{ €} \cdot 2.400\text{ Stunden}}{3.000\text{ Stunden}} = \mathbf{157.800{,}00\text{ €}}$$

d) 3.000 Stunden = 100 %
2.400 Stunden = x   x = 80 %

Beschäftigungsabweichung: 100 % - 80 % **= 20 %**

	Verrechnete Plankosten bei Istbeschäftigung: 60,00 € • 2.400 Stunden =	144.000,00 €
-	Sollkosten bei Istbeschäftigung:	157.800,00 €
=	**Beschäftigungsabweichung**	**- 13.800,00 €**

e)

	Istkosten bei Istbeschäftigung:	170.000,00 €
-	Sollkosten bei Istbeschäftigung:	157.800,00 €
=	**Verbrauchsabweichung**	**- 12.200,00 €**

f) 100 % = 3.000 Stunden
107 % = x   x = 3.210 Stunden

$$= 69.000{,}00\,€ + \frac{111.000{,}00\,€ \cdot 3.210\text{ Stunden}}{3.000\text{ Stunden}} = \mathbf{187.770{,}00\,€}$$